10分で読める名作 4年生

［選者］
日本児童文学者協会元会長
木暮正夫
日本児童文芸家協会元理事長
岡 信子

Gakken

もくじ

10分で読める名作 4年生

お話を読む前に

日本児童文学者協会元会長
木暮正夫

この本には、四年生のみなさんにおすすめしたい十編のお話と二編の詩、一つのことば遊びがおさめられています。現代のお話に加えて、日本や外国の古典的な名作、外国の昔話など、さまざまな作品を集めました。

本のタイトルは「10分で読める名作」ですが、読む速さは人によってちがうでしょうから、十分以上かかってもいいし、また少し長いお話は二回くらいに分けて読むなど、自由に自分のペースで読んでください。

どんなお話が好きなのか、お話のどんなところが好きなのかも、読む人ひとりひとりによってみんなちがうはずです。読書の中でのそういう「自分らしさ」をたいせつにしてください。また、二度、三度とくりかえして読んでみると、最初に読んだときとはちがう、新しい発見があると思います。

読書は心を育ててくれる「心の食べもの」です。読めば読んだだけ、みずみずしく、ゆたかな心を作ってくれます。自由に味わって、友だちや先生とも、作品について話しあってみてください。

自分たちの影法師がおどりだす、ゆかいで楽しい世界。

影法師

作・豊島與志雄

絵・小林敏也

後ろに山をひかえ、前に広びろとした平野をひかえてる、低いなだらかなおかの上に、小さな村がありました。村の東のはしに、村一番の＊長者の屋しきがありまして、そのへいの外の広場は、子どもたちの遊び場所でした。

白くぬった土べい。左手はゆるやかな山すそで、いろんな木や草が生えています。前には小さな川が流れていて、

＊長者…大金持ち。

魚が泳いでいます。川の向こうと右手の方には、たんぼが続いています。子どもたちはその広場でおもしろく遊ぶことができました。

晴れた日の朝早く、長者の子どもを交えて三、四人の子どもたちが、いつものように、そこで遊んでいました。東の地平線から出たばかりの太陽の光が、みんなの影を白いへいにくっきりとうつしていました。その影があまりはっきりしておもしろいので、みんなは影うつしの遊びを始めました。

「ああ、いいことを考えた。」

と、長者の子どもがふいにさけびました。

「待っといでよ、じきに来るから。」

そして長者の子どもはいきなりかけだして、うちの中に入っていきました。

おじいさんが、大きな真ん丸いめがねをかけて、えん側で本を読んでいました。

「おじいさん、ぼくに、あの……東のへいをくださいよ。」

と、子どもは言いました。

おじいさんは、真ん丸いめがねの下に、びっくりした目を開いて、子どもを見ました。

「なに、へいをくれって……。」

「ええ、くださいよ。おもしろいことがあるんです。こわしやしません。ただ遊ぶだけなんです。へいで遊ぶんです。ね、いいでしょう。」

「へいで遊ぶって……おかしなことをいう子だね。こわしさえしなければよいけれど……。」

「じゃあ、くださいね。遊ぶだけなんですから。」

そして子どもは、もうおじいさんのそばからかけだして、部屋の中に入って、大きなすずり箱を持ちだして、またもとのへいの外にかけてきました。

「なにをするの。」

待ってた子どもたちが集まってきました。

「いまね、このへいをおじいさんからもらってきたんだ。だから、こわしさえしなけりゃなにをしたって、しかられやしないよ。……これからみんなの影法師を、このへいの上に写しとるんだよ。」

「影法師を写しとる……うん、おもしろいな。」

みんなは、わあっと声を立てておもしろがりました。そしてすぐ、したくにかかりました。小川の水をすずりにくみとって、一生けんめいに墨をすりました。早くしないと、太陽がのぼってしまいます。太陽がのぼってしまえば、影法師は小さくなって、だめなんです。

「ぼくが考えたんだから、ぼくから、先だよ。」

そう言って長者の子どもは、白いへいの前につっ立ちました。そのすがたどおりの影が白べいの上にはっきりうつりました。それをほかの子どもたちが、墨をいっぱいふくました筆で写しとりました。

「影法師なんだから、すっかり真っ黒にぬらなきゃいけないよ。」

そしてみんなは影法師の形を真っ黒くぬりはじめました。すずりの水がなくなるとまた小川の水をくんできて墨をすりました。

そのうちに、太陽はずんずんのぼっていって、へいにうつる影法師は小さいぶかっこうなものになりましたので、長者の子ども一人だけで、ほかのは写しとれませんでした。

「また、あしたの朝にしよう。」

毎日、晴れた日が続きました。子どもたちは朝早くから白べいの前に集まって、代わる代わる影法師を写しとりました。

そのことをおもしろがって、ほかの子どもたちも集まってきました。そして太陽が出たばかりのころ、日に二つか三つずつ影法師を写しとりましたが、日がたつにつれて、へいいっぱいになってきました。高いのや低いのや、太ったのややせたのが、みなまっすぐにずらりとならびました。墨で真っ黒くぬった影法師ですから、太陽がいくら高くのぼっても、太陽がしずんでばんになっても、ちょうど人がつったってるように、そこに、白のへいの上につっ立っています。

それを見て、通りがかりの大人たちは、「えらいことを始めたな」

と言いながら、にこにこ笑(わら)っていました。長者(ちょうじゃ)のうちのおじいさんも出てきて、大きな真(ま)ん丸(まる)いめがねの下に目を真(ま)ん丸(まる)くして、「ほほう」と感心(かんしん)したようにながめいりました。

「これは、ぼくんですよ。」

「これが、ぼくんですよ。」

子どもたちはめいめいそう言って、自分の影法師(かげぼうし)の前に立ってみせました。背(せ)の高さから形まで、体どおりの影法師(かげぼうし)でした。

さて、みんなの影法師(かげぼうし)が写(うつ)しとられて、へいいっぱいにならびますと、これからどうしようかと、子どもたちは考えました。写(うつ)しとっただけでは*いっこうつまりません。

「影法師(かげぼうし)がへいからぬけだしておどってくれると、いいんだがなあ。」

そうみんなは考えました。そしていつもへいの前に集まっては、何度もくりかえして考えました。しかし、そんなことはできるわけはありません。

ところが、ある日、みんながやはりそこに集まって、同じことをこそこそ話しあっていますと、いつの間にどこからやってきたか、かみの長い見なれない男が、そばにつっ立って笑っています。

「きみたちは、ばかなことを考えてるね。」

そしてやはり、へいの影法師を見て笑っています。

子どもたちはそれがしゃくにさわりました。かみの長い見なれない、変な男ですけれど、それもかまわずに、みんなでつめよっていきました。

「なにを言ってるんだい。なにがばかなことなんだい。影法師をお

＊いっこう…全然。まったく。

どらせようとするのがなにがばかなことなんだい。おもしろいことじゃないか。」

見なれない男は、さもゆかいそうに、はっはっは……と笑いました。そして言いました。

「なるほど、わたしが悪かった。それはおもしろいことにちがいない。……それでは一つ、わたしが教えてやろうか。その影法師をおどらせることを、教えてやろうか。」

「え、おじさんはそんなことを知ってるの。教えてください。ね、教えてください。」

「じゃあ、教えてやろう。その代わり、わたしの影も一つ、そこに写しとってくれなくてはいけない。そして、あしたの朝早くここに来れば、きみたちの影法師はおどれるようになってるだろう。」

子どもたちはたいへんよろこびました。そしてへいのかたすみのあいてるところに、見なれぬ男の影法師を写しとりました。もう太陽が高くのぼっていましたので、男の影法師は、低くぺしゃんこになって、おかしなかっこうでした。

「だめだよ、日が高くなってるから……おかしいな。」

「いや、それでけっこうだ。」

そして男は、自分の変な影法師を見て、はっはっは……と笑いました。

「それでは、あしたの朝早くみんなでそろっておいでよ。」

男はそう言いすてて、どこかへ行ってしまいました。

子どもたちはそのばん、落ちついてねむれませんでした。自分たちの墨絵の影法師がへいからぬけだしておどりはねるというんですから、待ちきれませんでした。あくる朝は早くから目を覚まして、みんなさそいあわせました。大人たちがなにかたずねても、いまにびっくりさしてやるという気持ちで、まじめくさった顔をしてだまっていました。

やがてみんなそろいましたので、むねをどきどきさせながら、長者の屋しきの東の白べいのところへやっていきました。

ところで、ひと目見ると、みんなはあっと口の中でさけんだまま、おどろいて立ちどまりました。みんなのおもしろい影法師が立ちならんでいた白べいは、一面になにかで黒くぬられてしまって、その真っ黒な色がまたひどくこくて、いわばやみの鏡みたいになっているのです。影法師どころかなに一つ見えないで、ただ一面に真っ黒なだけです。

「はっはっは……。」

高い笑い声がしたので、ふりむくと、きのうの男がそこに立って笑っています。

「わたしのあのおかしな影がね、ひとばんのうちに大きくなって、へいいっぱいに広がったのだ。とんだことになってしまった。」

それを聞くと、子どもたちは急におこりだしました。その男がだまかしたのだ。うそを言ってるんだ。影法師がひとばんのうちにへいいっぱいに大きくなるなんて、そんなことがあるものか。その男がへいを真っ黒にぬりつぶして、みんなの影法師をなくしてしまったんだ。

「うそつき、うそつき、ぼくたちをだましたんだな。」

そう言って、子どもたちはつめよっていきました。

「はっはっ……。」

と、男は平気でなお笑っています。

「人をばかにしてる。なぐっちまえ。」

気の早い子どもたちは、ぼう切れを拾ったり、石をつかんだり、げんこをにぎりしめたりして、男へ向かっていきました。男は笑いながら、あちこちに身をかわしました。ひどくすばしこい影のような男で、おおぜいでいくら追っかけても、つかまえることができませんでした。

「きみたちは、ばかだな。」

と、男は広場の中をにげまわりながら言いました。

「そら真っ黒なへいの中で、影法師がおどってるじゃないか。」

そう言われてから、みんなは初めて気づきました。東から出た太陽の光を受けて黒い鏡のように光っているへいの中に、みんなの影法師がうきだしていました。白べいにうつったのとちがって、おく深い真っ暗な中にうつってるものですから、そうはっきりはしていませんが、すかしてみると、ちょうど生きた人間のようにうきだしています。それが、みんなの動くにつれてあちこちへ動きまわって、おおぜいのほんとの子どもがおどってるようです。

「おや、これはおもしろいや。不思議だなあ。」

みんなは黒べいの鏡に影をうつして、不思議そうにのぞきこみました。目や口や鼻までそっくり見えて、向こうにも同じ生きた子どもたちがいるようなんです。

「わかったかね、はっはっは……。」

みんながふりかえってみると、かみの長い見なれぬ男は、なお笑いながら立ちさっていきました。引きとめる間もなく、まるで宙を飛ぶようにして、山の方へ見えなくなってしまいました。子どもたちはあっけにとられました。

そこへ、長者のうちのおじいさんが出てきました。子どもたちは、きのうからの話をしました。おじいさんはびっくりしたように、真っ黒なへいを見ていましたが、しまいに言いました。

「それはきっと、たいへんえらい人にちがいない。おまえたちはよいことを教わったものだ。」

子どもたちはさっぱりわけがわかりませんでした。けれど、黒べいの鏡のできたのはうれしいことでした。朝日のさしているときばかりでなく、午後になっても、月が出てれば、夜分でも、黒べいの鏡はみんなのすがたをうつしだしてくれました。それもただの影法師ではなく、生きた人間と同じすがたなんです。
みんなはいろいろなすがたをうつして、自分もおどり、影のすがたもおどらして、いつもたいへんゆかいに元気に遊びました。

豊島與志雄（とよしまよしお） 一八九〇年福岡県に生まれる。主な作品に『道化役』『野ざらし』、児童文学作品に『エミリアンの旅』『街の少年』『ハボンスの手品』などがある。一九五五年没。

出典：『少年少女日本文学全集・第５巻』所収　講談社　1962年

転校していった友だちから送られてきた小包で、三年前の貯金箱のひみつが明かされる。

地もぐり豆

作・住井すゑ

絵・渡辺リリコ

和夫の貯金

「和夫、ほらまた貯金だよ。」

買いものから帰ってきたおばあさんは、にこにこしながら、十円玉を二つ、さいふから取りだしました。

和夫はその十円玉を、すぐ茶だんすの上の貯金箱に入れました。

チリン……カチン……。

おばあさんは、その音が楽

しくて、もう一ぺんにっこりです。

和夫は、もちろんその音が好きです。貯金は、こうして、チリン、カチンと音がするたびにふえていくのですから——

さて、貯金箱にお金を入れた和夫が、そのまま表に遊びにいこうとしますと、おばあさんは、急いで買いものかごからおかしのふくろを出して、

「和夫の好きなクリームパンだよ、食べないかい。」

けれども和夫は、「あとで」と言いながら、運動ぐつをつっかけて走りだしました。

「きっと、また、野球のまねなんだね。ハッハッハ……。じゃ、帰ってから食べるといいよ。おなかがすくと、いっそうおいしいだろうからね。」

おばあさんは、一人で笑ったり、しゃべったり。そして、パンのふくろを、茶だんすの中にしまいこみながら、ふと考えました。

（貯金は、千円くらいたまったかな。）

ところで、この貯金箱は、和夫が、えん日で買ってきたおもちゃの金庫で、その天じょうに、細長いあながあります。そして、いったんこのあなからすべりこませたお金は、かぎでドアを開けなければ、出せないしかけになっています。

おばあさんは、このおもちゃの金庫が気に入って、それを買ってきた和夫に約束しました。

「和夫。おばあさんは、十円と五円のかたいお金は、みんなこの金庫に入れて、和夫の貯金にしてあげる。和夫は、この金庫がいっぱいになったら、かぎでドアを開けて、お金を出して、それでなんでも好きなものを買っていいよ。」

和夫は、うれしくて、わーっとさけびました。そばから、お父さんも、「それはすてきだ」と、言いましたが、

「でも、この金庫をいっぱいにするのは、ちょっとひま*がかかるな。」

するとお母さんも、

「これでも、三千円くらいは、楽に入るでしょうからね」と、少し首をかしげて言いました。

お母さんも、やっぱり、この金庫をいっぱいにするのは、なかなかたいへんだと思っていたのです。

けれども和夫は、

「ぼく、いつまでかかってもいい。そのうちに、きっといっぱいに

なる」と、元気に言いました。

おばあさんは、和夫のことばをとてもよろこんで、

「そうとも、そうとも。これは、すぐいっぱいになるよ。」

そして、さいふにあった十円と五円を、みんな金庫に入れました。

それから三か月あまりたちました。その間には、貯金のない日もありましたが、それでも、もう千円くらいはたまっているはずです。そこでおばあさんは、つと手をのばして、金庫を取りあげてみました。

ところが、おや？　金庫はそんなに重くはありません。おばあさんは、しばらく不思議そうに金庫をながめていましたが、やがて、かぎを使ってドアを開けました。

ざら、ざら、ざら……。

＊ひま…ここでは、時間の意味。

おばあさんのひざにこぼれたのは十円、五円取りまぜて、二百四十五円です。

「まあ、おどろいた。……じゃ、あとのお金は、だれかが出したことになるけど、まさか和夫の貯金を、家の者がだまって出して使うはずがないし……。」

おばあさんは、ほんとにこまりました。どうして、千円以上たまっているはずのお金が、二百四十五円しかないのか、おばあさんにははんだんがつきません。

おばあさんは、その二百四十五円を金庫に入れると、また、もとどおり茶だんすの上にのせました。

和夫が、そっと茶の間に上がってきたのは、それから間もなくのことでした。

「和夫、ボール投げ、おもしろかったかい。」

「ううん。おもしろくなかったよ。」

「まさか、友だちとけんかしたんじゃないだろね。」

「けんかなんかしないよ。」

「そんなら、さっきのクリームパンでもおあがり。」

おばあさんは、さっそく、パンのふくろを取りだしました。けれども和夫は、またしても、「あとで」と言って、手を出そうとしません。

「あ、そうだ。和夫、たいへんなことがあるんだよ。ほーら。」

おばあさんは、しょげている和夫の気持ちを引きたてようと、わざと大げさに金庫を取りあげて、

「この中のお金が、うんとへってるんだよ。もしかしたら、お父さ

んが、おこづかいにしたのかもしれないね。もしそうだったら、どっさり＊利子をつけて返してくれるように、こんばん、おばあさんが話をするよ。」

「でも、おばあさんは、どうしてそのお金がへったのがわかったの。」

「それはね、もうずいぶん重いだろうと思って手に取ってみたのに、いやに軽かったから、かぎで開けてみたのさ。」

「それ、ぼく使っちゃったんだよ。」

「えっ？」

おばあさんは、自分の耳をうたがいました。おばあさんには、どうしても、和夫がだまって金庫からお金を出したとは思えません。

けれども、和夫は、またはっきりと言いました。

＊利子…他人にお金をかしたり、あずけたりするときに、見返りとして、はらわれるお金。

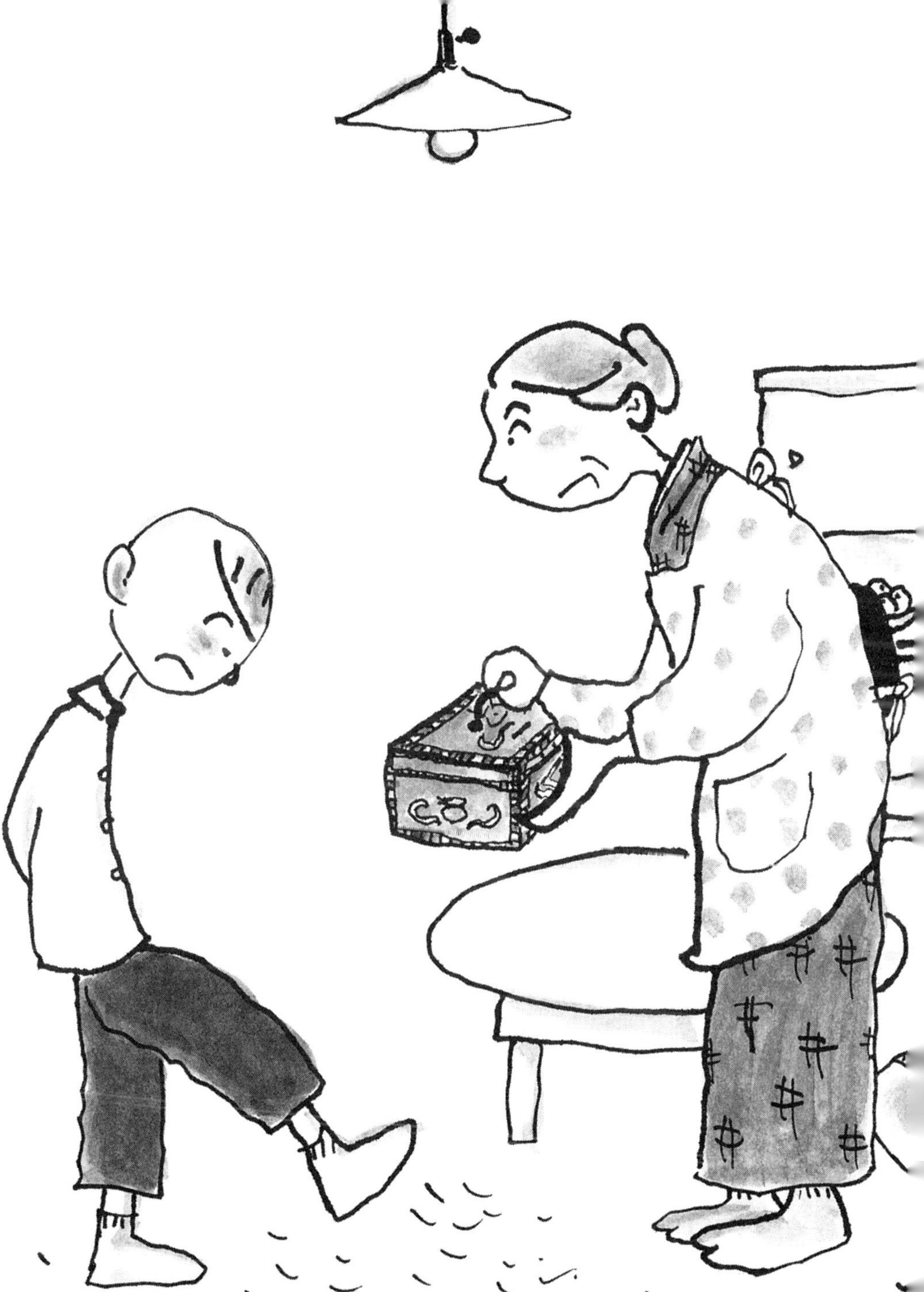

「そのお金は、ぼくが使ったんだよ。」

「まあ」とおばあさんは少しあきれて、「そんなに買いたいものがあれば、ちゃんとお母さんに言って、お金をもらえばよかったのに。だまって、貯金を持ちだすのはいけないよ。」

「だから、もう持ちださないよ。」

「じゃ、正直に言ってごらん。いままで持ちだしたお金で、和夫はなにを買ったの。」

和夫は答える代わりに、

「わーん」と泣きました。

おばあさんはいよいよあきれて、

「正直に言えば、おばあさん、決しておこらないのにね。言わなければ、お父さんとお母さんに言いつけるよ。」

それでも和夫は泣くばかりです。

その夜、おばあさんは和夫がねてから、和夫が金庫のお金を持ちだしたことを、そっと、お父さんとお母さんに、話しました。

お母さんは、

「これから、みんなで気をつけることにしましょう。もしかしたら、和夫は、いじめっ子に言われて、しかたなしにお金を持ちだしていたのかもしれません」と、心配そうに言いました。

けれど、お父さんは、

「なあに、だいじょうぶだ。和夫が、自分で『そのお金はぼくが使った』と、はっきり言ったそうだが、それは和夫が、いじめっ子に言われて持ちだしたのではないしょうこだよ。もし、いじめっ子に言われて持ちだしたのなら、どこまでも、ぼくは知らないとうそをつくよ。それに、あの貯金は、もともと、和夫のものという約束だったんだからな。和夫が、いっぱいになるのが待ちきれなくて、とちゅうで、使ってもいいじゃないか。きっと和夫にしてみれば、あのお金は、とってもいいことに使ったつもりなんだろうよ。」

そして、お父さんは、ハハハ……と大きな声で笑いました。

和夫は、とこ*の中で、ねむったふりをしながら、それまでじっと聞き耳を立てていましたが、お父さんが笑うのといっしょに、自分でもクスクス笑いました。そして『あしたから、もう絶対お金は持ちださないよ』と、ひとりごとを言いました。

これは三年前のことで、和夫はそのとき、小学三年生でした。

働く友の手を思う

　茶だんすの上の金庫は、この三年間に、五回、ドアを開けました。そして、もう六回目が、間もなく開きそうです。いまでは、おばあさんもすっかり安心して、金庫の重さを量ってみようなどと思ったことがありません。そしておばあさんは、和夫が中学生になったら、五十円のこう貨もこの金庫に入れることにして、和夫の貯金を、うんとふやすのだと楽しみにしています。

　お父さんも、お母さんも、これに賛成で、自分たちも、買いもののつりに五十円こう貨をもらったら、きっと、この金庫に入れるというのです。

　高校三年の姉のまさ子は、それを聞いて、

＊とこ…ねどこ。

「五十円玉でいっぱいになったら、わたしも半分もらってもいいわ。五円や十円では、重いばかりでいやだけど……。」

と、すました顔で言いましたが、ほんとに、五十円こう貨が入るようになれば、この金庫も、ずっとみりょく的になることでしょう。

ところで、六回目のドアを、いよいよ開けるというその日、和夫が学校から帰ってみますと、お母さんが待ちかねたように言いました。

「和夫に小包が来ましたよ。とっても大きな小包よ。」

「どこから？」

「千葉県の山武郡。」

「だれだろう。」

「中川信一さん。」

「あっ、中川君か。」

しゅん間、和夫の目はきらっと光りました。

「お友だちなの？」

「うん。中川君は、*もう先の友だちだよ。」

「じゃ、千葉県の方へお引っこしになったのね。」

「うん。そうだよ。それでその小包、どこにあるの。」

「茶の間。」

和夫は、カバンをかかえたまま茶の間に飛びこみました。

ほんとに、大きな小包でした。けれども、そのわりに軽く、少し、がさがさしています。

「あ、落花生だ。」

和夫は、そうつぶやくといっしょに、笑いくずれました。


*もう先…ずっと前。

和夫には、筆太な、〝中川信一〟という差し出し人の名前が、そのまま中川君の顔に見えたのです。

「お母さん、手紙はないの？」

「ええ、小包だけよ。きっと、なにかのつごうで手紙があとになったんでしょうよ。」

「じゃ、手紙が来てからこれを開けようね。」

「そう、落花生なら、いつまでおいてもくさる心配はないからね。」

「でも、お母さん、そんなにいつまでも待たなくても、きっと、明日あたり手紙が来るよ。」

和夫は、またじっと差しだし人の名前を見ました。今度は、中川君の顔が、にっこり笑って見えました。和夫は、まるで、中川君のかたでもたたくように、ぽんと小包をたたいて、「おい中川君。早く手紙をよこせよ。さもないと、せっかくの落花生が食えないよ」と言いました。

「まあ、和夫ったら……でも、お手紙が来ないと、ほんとに、なんだか少し心配ね。」

お母さんも、言いながら、そっと小包にさわりました。

ところが、中川君の手紙は、その日の夕方、配達されました。

「あ、よかった。これで中川君の送ってくれた落花生は、今夜、みんなで食える。」

和夫は、ふざけた調子で言いましたが、実は、和夫のむねは、なみだでいっぱいでした。

お母さんは、ふうを切って手紙を読みはじめた和夫の顔色をじっと横からのぞきました。お母さんには、和夫のようすが、いつもとちがっているのが、はっきりわかったのです。

やがて和夫が読みおわるのを待って、お母さんもすばやく便せんに目を走らせます。

下田和夫君。長い間ごぶさたしていてすみません。あんなにお世話になったのに、これまで、一ぺんもお礼の手紙も出さず、ぼくはほんとに悪かったと思います。でも、下田君は、ぼくのことを、ちっともおこっていないでしょう。だって、きみはだれにもおこったことがないものね。

ほんとを言うと、ぼくは東京にいたときのことは、おおかたわすれてしまっていました。父が死んで、そのあと、とてもこまって、学校へ弁当を持っていけなかったことも、わすれかけようとしていました。ところが、下田君、ぼくはきょう、ふと、あのとき、ぼくに弁当のパンを買ってくれたり、クレヨンを買ってくれたきみのことを思いだしたのです。

　あのとき、ぼくたちは小学三年生で、ぼくは、きみはお金持ちの家の子だから、ぼくになんでも買ってくれるんだ、と平気でいましたが、いまになって考えると、きみは、ぼくに親切にしてくれるために、やっぱり、いろいろこまったこともあったのじゃないかと思います。それで、母にも、あのときのことを、初めてすっかり打ちあけました。母は、もしそうと知っていたら、こちらへ引っこすときに、よくお礼を申しあげるのだったのにと、ぼくに、少しおこりました。

　下田君。そのときのお礼というのではありませんが、いなかへ来てから、ぼくたちが幸せにくらしている印に、畑でとった落花生を少しばかり送ります。落花生は、またの名を〝地もぐり豆〟ともいいます。花*が土の中にもぐりこんで、そこで、実を結ぶからです。では、下田君。どうぞ、この落花生をかみしめてください。そして、うまかったら、ぼくのためによろこんでください。なぜかというと、ぼくもまた、〝地もぐり豆〟だからです。そして、この地もぐり豆

*花が土の中に……正確には、花が終わると、花の根元からえがのびて地中にもぐり、先の部分が実になる。

は、これから、ますますうまい豆になるようけんめいに勉強します。

手紙をひざに、お母さんは、じっと茶だんすの上の金庫を見ました。お母さんにもよくわかりました。いつか、和夫が貯金箱のお金を持ちだしたことがありましたが、それは、いじめっ子に言われたからではなく、お弁当のない友だちに、パンを買ってやるためだったのでした。

その夜、おばあさん、お父さん、お母さん、それに姉のまさ子を入れて、一家五人、火ばちをかこんで落花生を食べました。

落花生は、からつきのせいか、店で買ったのよりずっと香ばしくて、次から次へと手が出ます。

「やっぱり、地もぐり豆はすてきね。」

まさ子が、大きな声で言いました。

「ほんとにね」と、おばあさん。

「まったくだ」と、お父さん。

お母さんは笑（わら）っています。

和夫（かずお）も笑（わら）っていました。でも、和夫（かずお）はなんだかいまにも泣（な）きだしそうです。それで、和夫（かずお）はまたあわてて落花生（らっかせい）をつかみました。それは、和夫（かずお）にはちょうど、信一（しんいち）の手のひらのような手ざわりに思えました。


住井すゑ（すみいすゑ）　一九〇二年奈良県に生まれる。主な作品に『橋のない川』『夜あけ朝あけ』（毎日出版文化賞）、『向い風』『みかん』（小学館児童文化賞）などがある。一九九七年没。

出典：『わたしの少年少女物語』所収　旬報社　1989年

ぼくは川

作・阪田寛夫

じわじわひろがり
背をのばし
土と砂とをうるおして
くねって　うねって　ほとばしり
とまれと言っても　もうとまらない
ぼくは川
真赤な月にのたうったり
沙漠のなかに渇いたり

絵・荒井良二

それでも雲の影(かげ)うかべ
さかなのうろこを光らせて
あたらしい日へほとばしる
あたらしい日へほとばしる

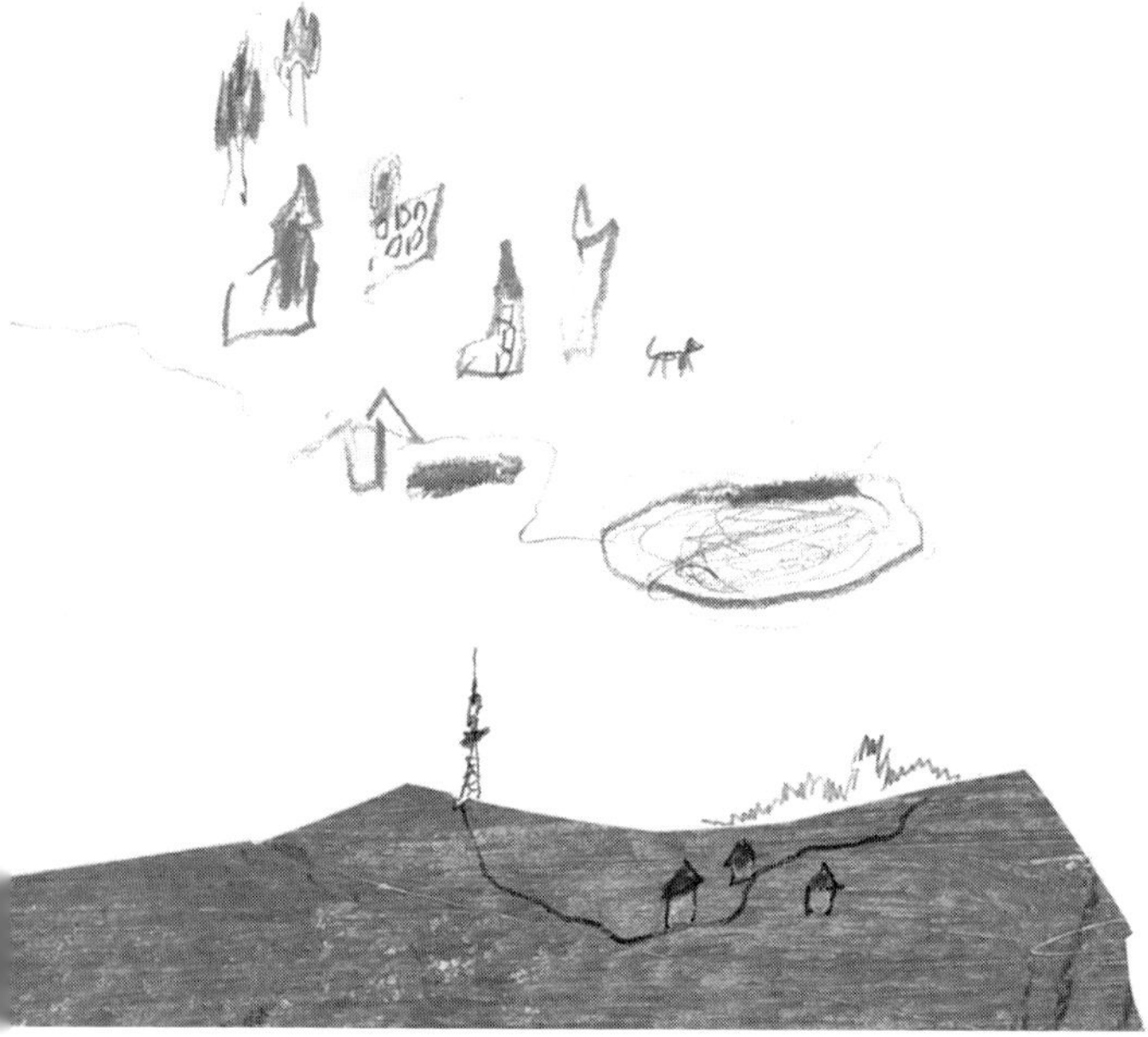

阪田寛夫（さかたひろお） 1925年大阪に生まれる。主な作品に、詩集『サッちゃん』（日本童謡賞）、評論に『童謡でてこい』（巌谷小波文芸賞）などがある。2005年没。

出典：『夕方のにおい』所収　銀の鈴社　1982年

カラスがくわえてきた腕時計。とてもほしかったものが手に入った女の子でしたが……。

腕時計

作・ソーレン・ロック　訳著・吉田甲子太郎

絵・井江　栄

ボナリンという、女の子があって、インキーという名前の気に入りのカラスを飼っていました。どのカラスもみんなそうですが、インキーもぴかぴか光るものが大好きで、いつも、そういうものをくわえてきては、どこかへかくしてしまうのでした。その朝も、ボナリンは、お母さんの指ぬきが食器戸だなとかべの間にうまい具合におしこんであったのを、やっと見つけだしたばかりのところです。この指ぬきは、いく日もの間、どこをさがしても見つからずにいたのでした。インキーは、お父さんの指輪もぬすんだのですが、ボナリンは、このほうはまださがしだすことができずにいました。そのために、お父さんから、インキーをうちの中へ入れてはいけないと言いつけられていました。

　ボナリンはまどから外をながめながら、今度はどこをさがしたら指輪が出てくるだろうかと考えていました。そのとき、かのじょはインキーが、自分のねどこになっているガレージの中へまいこむのを見定めると、ボナリンは急いで外へかけだしました。かれがその新しいぶんどり品をかくさないうちにかけつけたいと思ったのです。ところが、ボナリンがガレージへ行ってみると、インキーはなにくわぬ顔でえさ箱をついばんでいました。

「まあ、いけない鳥ね、あんたは！」

かのじょは、そうしかっておいてから、いったいなにをくわえてきたのだろうと、さがしはじめました。かのじょは、どこをさがせばインキーのかくした宝物が出てくるのかよく知っていました。だから、じきに、今度の新しい宝物を見つけだしてしまいました。それは、たぶんそうじゃないかと、かのじょが見当をつけていたとおりのものでした。つまり、かわいらしい腕時計だったのです。

ボナリンは息をはずませて、その美しい、きらきら光るものを自分のほおにおしあてました。かのじょは、世界中のどんなものより腕時計がほしいと思っていたのでした。やがて、かのじょは、それを手首につけて、そこにこしを下ろし、長い間時計に見とれていました。

「これ、あたしんだわ。」

かのじょは小さい声で言いました。

「いただいとくことにするわ。」

けれども、かのじょの中にすんでいるなにか小さいものが、休まず、言いつづけます。

「時計の持ち主をさがしだして、返してあげなければいけませんよ。」

かのじょは時計のことはだれにも話しませんでした。お母さんにだって話しませんでした。お母さんがなんとおっしゃるかは、よくわかっていたからです。かのじょはその腕時計をどこでもつけているというわけにはいきませんでした。けれども、毎日、一人っきりでいるときには、必ず、時計を出して遊びました。それは、すっかり宝石でかざった、たいへんきれいな、かわいらしい時計でした。うら側には、「エイミへ」と書いてありました。ボナリンはエイミという名前の人を一人も知りませんでした。かのじょは、くりかえし、くりかえし言いました。

「これ、あたしんだわ。あたし、いただいとくことにするわ。」

二、三日たってから、お母さんはボナリンを、一つ横町をこしたところにある、マック・トランドル時計修ぜん店へ、目覚まし時計を取りにやりました。

かのじょが入ってくるのを見ると、マック・トランドルさんが言いました。

「やあ、ボナリン、時計はできてますよ。」

かれは、ボナリンのうちの目覚まし時計をつるしてあげて、あたりを見回しました。それから大きな声で言いました。

「エイミ、おい、エイミ！　何時だね。」

ボナリンは飛びあがりました。エイミってだれかしら？　すぐに、マック・トランドルのおかみさんが、店のおくの住まいの方から出てきました。言うまでもなく、ボナリンはこのおかみさんを知っていました。しかし、おかみさんの名前がエイミだということは知らなかったのです。おかみさんは、ふうふう言って、そでをたくしあげながら、出てきました。

「時計だらけの中にいるくせに、時間がわからないのね。」

おかみさんは、そう言って、クックッと笑いました。

かのじょは、目を細くして、自分のつけている、ひどく小さい腕時計をながめました。それから、めがねを出してかけながら、こんなことを言いました。

「あたしの時計がなくなってからは、むすめが小さいとき使っていたのを持っているんですが、字が細かいもんですから、めがねをかけないと時間がわからないんですよ。」

ボナリンはむねがどきどきして、おなかの中が変に落ちつかなくなりました。あの腕時計はマック・トランドルのおかみさんのものにちがいないと思ったからです。けれども、かのじょはなんにも言わずに目覚まし時計を受けとると、そのまま、できるだけ大急ぎで、うちへ走りもどりました。かのじょは、すぐに、腕時計を出して見ました。そうです。たしかに、「エイミへ」と書いてあります。まちがいはありません。これはマック・トランドルのおかみさんのものに決まっています。

「あたし、返さなきゃならないんだわ。でも、そんなことできないわ……どうしたって、できないわ。ほしくって、ほしくってしかたがないんですもの。」

そのばん、おいのりをするときに、かのじょは言いました。

「どうぞ、あの腕時計を返すことができますように、おみちびきくださいまし。」

そう、いのりながらも、かのじょは、ほんとうに自分があれを返すことができようとは思えなかったのでした。いのりがすんでから、ねむろうとしてもなかなかねむれないで、かのじょは苦しい時間をすごしました。そして、ねむってしまってからも、いろいろいやなゆめをたくさん見ました。両腕、両足の生えた時計どもが、かのじょ

を追っかけてきました。かのじょは、時計をいくつも、飲みくだしてしまいました。するとその時計どもは、おなかの中で、チクタク、チクタク鳴りつづけました。そのために、かのじょのした悪いことがみんなにわかってしまいました。かのじょは、ねがえりをうったり、身をくねらせたり、ねむったままで大声を立てたりしました。ところが、起きる時間のちょっと前に、かのじょは、それまでとはまるでちがったゆめを見ました。

一人のおひめ様が――ボナリンがこれまで見たこともないような美しいおひめ様が、自分のところへおいでになって、言いました。

「腕時計のことは知っています。返してあげるのが正しいことです。だから、起きたらすぐに、返しにいっていらっしゃい、ね。」

ボナリンは一生けんめいにうなずきました。すると、その美しいおひめ様はかのじょにキスをしてくれました。それから、かのじょは目が覚めたのでした。

気が変わるひまがないように、かのじょは大急ぎで着物を着かえて、マック・トランドルさんの店へかけつけました。ご主人がお店の戸を開けたばかりのところでした。ボナリンはご主人に腕時計をわたしました。

「これ、あなたのおくさんの時計です。」

ボナリンは、すぐ後ろを向いて、かけもどろうとしました。すると、マック・トランドルさんがかのじょをよびとめました。

「どこで見つけたんだね。」

ボナリンの話すのを聞いたとき、時計屋さんは自分の耳を信じられないくらいでした。おかみさんも、そばで、じっと聞いていました。そして、ボナリンの話がすむと、こう言いました。

「あたし、その時計（とけい）を*湯（ゆ）どののまど*じきいにのせたのを覚（おぼ）えてます。*す戸を上げて、からぞうきんのほこりをはらったときのことですよ。きっと、す戸を下ろしわすれたにちがいありませんわ。でもね、まさかカラスがくわえていったなんてねえ。」

おかみさんは腕時計（うでどけい）を軽（かる）くたたきました。

「まあ、ほんとうにうれしいわ、手にもどって。とても高い時計（とけい）なんですもの。」

言いながら、かのじょは、ふと、ボナリンの顔色に気がつきました。

「あんたも、これ、好（す）きなんでしょう、ねえ。」

「ええ。」

ボナリンは、泣きだしたいのをやっとこらえて、しきりに目をぱちぱちさせながら答えました。

おかみさんは、やさしく、ボナリンのかたをたたいて、言いました。

「大きくなれば、きっと時計を持てるようになれますよ。これを返してくださるのはずいぶんつらかったでしょうね。」

ボナリンはうなずきました。それから、自分でも気がつかないうちに、かのじょは、その腕時計についてのことを残らず二人に話しだしていました……。初めは、どうしたって返すことはできないと思ったこと、それから美しいおひめ様がゆめで自分にキスをしてくれたこと、なにもかも残らず話してしまいました。

「時計を返してくだすったことは、ほんとにりっぱなことですよ。」

＊湯どの…ふろ場。＊まどじきい…まどを開けしめするためのみぞのある横木。＊す戸…竹をあんで作った戸。

マック・トランドルのおかみさんは、しみじみ、そう言いました。

それから、ボナリンは、足も軽がると、とんだり、はねたりしながら帰りました。これまで、こんなうれしい気持ちを味わったことは、一度もありませんでした。うちへ帰るとまず第一に、今度のことをすっかりお母さんにお話ししました。お母さんは、たいへんよろこんでくださいました。
二、三日たったあるばんのこと、マック・トランドルさんがたずねてきました。かれは小さな包みを一つ持っていました。
「ボナリンさんのおうちはこちらでしょうか。」

お母さんが出て返事をしました。

「あの子は、もうねました。でも、お上がりくださいませんか。」

「いいえ。あたしは、ただこの小さな時計を、あのお子さんにおあげしに参ったただけなんです。これは、うちのむすめが小さいとき、使っていたものなんですが、うちのつまが自分の時計を返していただいたのをたいへんによろこびましてね。それでこれをボナリンさんにおあげすることに決めたのです。」

「それはまあご親切に、マック・トランドルさん。でも、あの時計をお返しするのは、あの子としてあたりまえのことです。ただ、正しいことをしたからといって、なにかいただくというわけにはまいりません。」

「しかし、おじょうさんは、ひどく時計をほしがっておいででしたよ。」

「それはそうなんです。じゃ、こうしていただきましょうか。じきに、あの子のお誕生日がくるんですの。ですから、どうしてもくださるというんでしたら、そのときにしていただきたいとぞんじます。そうすれば、ただのおくりものということになりますものね。」

マック・トランドルさんも、それは、たいへんいい考えだと賛成しました。そして、二階ではボナリンが寝顔にびしょうをうかべて、安らかにねむっていました。

吉田甲子太郎（よしだきねたろう）　一八九四年群馬県に生まれる。主な作品に『兄弟いとこものがたり』、翻訳作品に『ハックルベリー・フィンの冒険』『しあわせな王子』『小公子』などがある。一九五七年没。

出典：『空に浮かぶ騎士』所収　学研　1979年

一本足のすずの兵隊がたどった運命とは……？

ゆうかんなすずの兵隊

原作・アンデルセン　文・木暮正夫

絵・アンヴィル奈宝子

　むかし、二十五人のすず＊の兵隊がいました。この兵隊たちは、すべて兄弟でした。みな同じ、古いすずのスプーンをとかして作られたからです。

　兵隊たちは、ある男の子の誕生日のお祝いに、おくられたものでした。

「わーい、すずの兵隊たちだ。」

　おそろいの鉄ぽうに、おそろいの制服の兵隊たちに、男の子は大よろこび。兵隊たち

＊すず…金属の一つ。食器などの材料に使われる。

を箱から取りだすと、テーブルの上に、次つぎ立たせていきました。

兵隊たちは、一本足の一人をのぞいて、まったく同じでした。一本足の兵隊は、いちばん最後に作られたので、すずが足りなかったのです。でも、かた足でしっかり立てるように作られていました。一本足の兵隊は、とても目立ちました。

テーブルには、いろいろなおもちゃといっしょに、紙でできた、おもちゃのお城が置いてありました。お城の前には、木や池があって、池には白鳥がうかんでいます。

どれもきれいでしたが、いちばんきれいなのは、お城の入り口に立っている、女の子でした。この女の子も、紙でできていました。すてきな服を着て、ぴかぴか光る、大きなばらのブローチをつけています。

女の子は、おどり子でした。

うでをあげて、かた足で立っている女の子を見て、一本足のすずの兵隊は、女の子も、自分と同じかた足しかないのだと思いました。

「あの女の子が、ぼくのおよめさんだったら、どんなにすばらしいだろう。女の子は大きなお城に住んでいて、ぼくはせまい箱の中。およめさんに来てもらっても、あの子が入るところがないなあ。でも、あの子と知りあいになりたいなあ。」

すずの兵隊は、女の子をながめつづけました。

夜になりました。

ほかのすずの兵隊たちは、みんな箱に入れられました。家の人がねむってしまうと、テーブルの上にちらかっていたおもちゃたちが、楽しそうに遊びはじめました。

箱の中のすずの兵隊たちも、いっしょに遊びたくて、箱をガタガ夕させました。でも、ふたを開けることができません。

一本足のすずの兵隊と、おどり子の女の子は、もとのところに立ったままでした。

やがて、家の時計が、十二時を知らせたとき、おもちゃのびっくり箱のふたが、はねあがって、中から小おにが飛びだしてきました。

「女の子をおよめにしたいだなんて、無理な望みというものさ。」

小おには兵隊に言いましたが、兵隊は聞きながして、だまっていました。

朝になりました。小鳥たちが気持ちよさそうにさえずっています。

部屋に、きのうの男の子が、入ってきました。

「一本足のすずの兵隊だけ、箱にしまうのをわすれていた。ちょっとここに置いておこう。」

男の子はわざわざ箱(はこ)に入れるのが、めんどうだったので、まどべに立てておきました。

まどは少し開(あ)いていました。

男の子がほんの少し、目をはなしたすきのことでした。

ゆうべの小おにのしわざか、それとも風のいたずらか、すずの兵(へい)隊(たい)は高いまどから、まっさかさまに落(お)っこちてしまいました。

「あっ、一本足のすずの兵隊(へいたい)がない！ 庭(にわ)に落(お)ちてしまったんだ。」

男の子は、お手伝(てつだ)いさんといっしょに、兵隊(へいたい)をさがしに、庭(にわ)に出ました。

二人はあたりをよくさがしたのですが、なかなか見つかりません。

さかさまに落(お)ちたすずの兵隊(へいたい)は、石の間にはさまって、足を上にしていました。

もしも、大きな声で助けを求めれば、気がついてもらえたのでしょうが、制服すがたの勇ましい兵隊には、そんなことはできません。

男の子はあきらめて、家にもどっていってしまいました。

そのうちに、大つぶの雨がふってきました。

雨がやんだあと、通りかかった二人の男の子が、すずの兵隊を見つけました。

「ボートに乗せて、流してみようか。」

二人は新聞紙を折って、船を作りました。そして、船に兵隊を乗せてどぶにうかべ、そばを走りながら手をたたきました。ところが、さっきの大雨で、どぶには大波が立っていました。流れも急です。

紙の船は、上下にはげしくゆれました。波のうずに、飲みこまれそうにもなりました。けれど、兵隊は足をふんばって、まっすぐに前を向いています。船はどぶ板の下のくらやみにつきすすんでいきました。

「あの女の子がいっしょなら、どんなに暗くても、こわくなんかないのになあ。」

兵隊は、前を見つめました。

すると、とつぜん、大きなどぶねずみがあらわれて、

「おい、すずの兵隊。ここを通ってもよいという、きょかしょうを見せろ。」

と、どなりました。

けれど、兵隊はだまって、鉄ぽうをにぎりしめたままでした。

「そいつを止めろ！」

ねずみは大声でさけびました。

でも、流れは、ますます速くなるばかりでした。

真っ暗などぶ板の下をくぐりぬけて、すずの兵隊が乗った船は、ようやく、明るいところに出ることができました。

ところが、ゴオゴオと、それはおそろしい音がとどろいてきました。流れがこの先で、たきになっているのです。

たきはもう、すぐ近くにせまっていました。船を止めることはできません。そのうえ、波やうずに、もみくちゃにされた船は、水びたしです。

水はますますふえて、いまにもしずみそうでした。すずの兵隊は、首まで水につかっても、しっかり立っていました。けれど、紙の船は水をすって、すっかりやわらかくなってしまい、ついにはこわれてしまいました。

すずの兵隊はおしながされて、たきにすいこまれていきました。

たきに落ちながら、すずの兵隊は、

「これでもう、二度とあのおどり子の女の子とは、会えなくなってしまうんだ……。」

と、考えました。

そして、深い深い水の中に、しずんでいきました。すると、大きな魚がやってきて、兵隊をひと口に飲みこんでしまいました。魚のおなかの中は、どぶ板の下のくらやみよりも、もっと真っ暗でした。

魚はしばらく、すいすいとあちこち泳ぎまわっていましたが、急に動きが止まりました。いったい、どうしたのでしょう。

魚はつりあげられて、店に出されました。

「おいしそうなお魚だこと。今夜のお料理に使いましょう。」

お手伝いの女の人が、魚を買って帰って、料理を始めると、魚のおなかの中から、一本足のすずの兵隊が出てきました。

「みなさん、すずの兵隊が見つかりましたよ。」

お手伝いさんは、すずの兵隊を水でよくあらうと、部屋に持っていきました。

「おどろいたなあ。」

家の人たちはすずの兵隊を、テーブルの上に置きました。おどろいたのは、家の人たちだけではありません。すずの兵隊も声を上げたいくらい、おどろいてしまいました。だって、自分がまどから落ちた、あのときの部屋にいるのですから。

男の子も、テーブルにのっているいろいろなおもちゃも、まったく同じです。

あのおどり子のいる紙のお城(しろ)も、木も、池の白鳥もそのままでした。

おどり子の女の子は、あいかわらず、うでを上にあげて、かた足で立っていました。よく見ると、かた方の足を上げておりまげています。

「もう、二度(ど)と会えないと思っていたのに、こうして会えるなんて…。」

すずの兵隊(へいたい)はうれしくて、むねがいっぱいです。すずのなみだを流(なが)しそうになりました。そして、だまったまま、おどり子の女の子を見つめていました。

ところが、とつぜん、男の子はいきなり、すずの兵隊(へいたい)を、赤いほのおを上げているストーブの中に、投(な)げいれてしまったのです。

おもちゃのびっくり箱にすんでいる小おにが、男の子に、そんならんぼうなことを、させたにちがいありません。

すずの兵隊はもえながら、おどり子の女の子を見つめました。女の子も兵隊を見つめました。

すずの兵隊は、自分の体がとけていくのがわかりました。それでも、鉄ぽうをかたにかけて、最後まで兵隊らしくしっかりしていました。

そのとき、部屋のドアが急に開いて、風がふきこんできました。風は紙のお城のおどり子を、まいあがらせました。女の子はまるで生きているように、軽やかにまっていましたが、間もなく、まっすぐに、もえさかるストーブの中に飛びこんでいきました。

そして、すずの兵隊の横に、体をならべようとしました。けれど、紙で作られた人形です。たちまち、小さなほのおになって、もえつきてしまいました。

朝になりました。

「すずの兵隊や、おどり子の人形はどうしたかしら。」

お手伝いの女の人は、ストーブのはいを、静かに取りだしてみました。

すずの兵隊は、小さなすずのハートの形になっていました。けれど、おどり子の女の子のものは、ばらのブローチが見つかっただけで、ほかにはなにもありませんでした。

ハンス・クリスチャン・アンデルセン　一八〇五年デンマークに生まれる。主な作品に『人魚ひめ』『みにくいあひるの子』『マッチ売りの少女』などがある。一八七五年没。

木暮正夫（こぐれまさお）　一九三九年群馬県に生まれる。主な作品に『また七ぎつね自転車にのる』（赤い鳥文学賞）、『街かどの夏休み』（日本児童文学者協会賞）、『日本のおばけ話・わらい話』などがある。二〇〇七年没。

出典：『世界こども名作100』所収　学研　1989年

三びきの金魚が、電車に乗ってお使いに行く、なんともほほえましいお話。

金魚のお使い

作・与謝野晶子

絵・清重伸之

太郎さんは駿河台の菊雄さんのところへ、お使いをやらなければならないご用があるのですが、女中の梅やがご病気なので、どうしたらいいだろうかと考えていました。そうすると弟の二郎さんが、

「兄さん、金魚をお使いにやりましょう。」

と言いました。太郎さんはよろこびまして、

「そうしましょう、赤をやり

ましょう。」

と言いますと、

「ぼくの白もいっしょにやりましょう。それから千代ちゃんのぶちもいっしょにやっていいでしょう。」

二郎さんのこう言ったことばに千代ちゃんも賛成したものですから、三びきの金魚はいよいよお使いに行くことになりました。

「電車に乗っていくのだったね、赤さん。」

「そうだよ、あぶないから気をつけなくちゃあ。」

「電車はこわいものだってね、じっとつかまってなくちゃあひかれるのかしら。」

「そうじゃないだろう、乗るときがあぶないのだよ、それからおりるときなんかね。」

赤はいちばん大きいものですからほかの二ひきにこんなことを言い言い＊甲武線の電車の新宿の＊停車場へ来ました。

「きっぷを三まいください。」

出札口で赤が大きい声で言いますと、

「あなたは金魚さんじゃありませんか、金魚さんにきっぷはあげられません、お手がないから。」

と＊駅夫は言いました。

「赤さん、乗れないのかい。」

白は心配そうに言いました。

「つまらないなあ。」

ぶちはひとりごとを言ってます。

「駅夫さん、ぼくらは乗れないのですか。」

＊甲武線の電車…明治時代に走っていた電車で、現在の中央線にあたる。

＊停車場…駅。

＊駅夫…駅員。

赤がきいてみますと、

「乗ってもよろしい。」

と駅夫さんは言いました。三びきはうれしそうな顔をしてプラットホームへ出ていきました。そうするとちょうどそこへ大久保の方から来た電車があったものですから、金魚たちは乗りました。駅夫さんが左の手をのばして、右の手で持った笛を鳴らそうとしまして、

「ぴい。」

とふきかけますと、三びきの金魚はたいへんあわてましして、

「車しょうさん、車しょうさん、ちょっと待ってください。」

「待ってください、駅夫さん、駅夫さん。」

「駅長さん、駅長さん。」

車しょうさんも、駅夫さんも、駅長さんも何事が起こったのかと

思って金魚のそばへ走ってきました。

「どうしたのです、どうしたのです。」

「けがでもしたのですか、金魚さん。」

車しょうさんと駅夫(えきふ)さんがこう言いますと、

「水を入れてください、早く水を入れてください。」

と金魚は声をそろえて言いました。

「水をどこへ入れるのですか。」

「電車へ水を入れてください。」

「電車へですか。」

「そうです。早く願(ねが)います。」

金魚がそう言うのを聞いて、車しょうさんは首をふりまして、

「電車へ水は入れられません、そんなことをするとお客様(きゃくさま)のげたや

郵便はがき

料金受取人払郵便

大崎局承認

8154

差出有効期間
令和３年
９月２日まで
（切手はいりません）

1 4 1 8 7 9 0
1 0 2

東京都大崎郵便局 郵便私書箱第 67 号

(株)学研プラス
幼児・児童事業部
絵本・読み物編集室
「よみとく10分シリーズ」係行

※ご記入いただいた個人情報（住所や名前など）は、商品・サービスのご案内、企画開発のために使用させていただく場合があります。また、ご案内の業務を、発送業者へ委託する場合もあります。当社の個人情報保護については、本の奥付もご覧ください。

●ご住所 〒　　　　TEL

都道
府県

●お名前

●ご購入された本
10分で読める

●保護者の方のお名前

●今後、新企画についてご意見をうかがうアンケートや、
新作のご案内をお送りしてもよろしいですか？　（ はい ・ いいえ ・ すでにお送りしている ）

●この本についてご意見・ご感想がございましたらお書きください。
（以下の内容を web、広告物などに掲載するのは ［本名でよい・イニシャルならよい・よくない］）

※今後の企画の参考のため、アンケートにご協力をお願いします。

a. お子さま（お読みいただいた方）の学年・性別を教えていただけますか？

小学（　　　）年生　　男・女・回答しない

b. この本をお求めいただいた理由は何ですか？　※あてはまるもの4つまで

1. 内容がおもしろそう　2. 表紙が楽しそう　3. 短くて簡単に読めそう
4. 勉強に役立ちそう　5. 学習指導要領に対応しているから
6. 学校の朝の読書用として　7. 広告やチラシを見て　8. 学年別だから
9. 資料や問いかけ（アクティブラーニング）のページがあるから
10. 値段が手ごろ　11. お話がたくさん入っている　12. さし絵が多い
13. プレゼントでもらった　14. 人にすすめられて　15. このシリーズが好きで
16. その他 [　　　　　　　　　　]

c. この本を選んだのは、どなたですか？

1. お子さまご本人　2. 母　3. 父　4. 祖父母　5. その他（　　　　　）

d. この本の感想について、あてはまるものに○をつけてください。

1. 内容は？　（ア. おもしろい　イ. ふつう　ウ. おもしろくない）
2. レベルは？（ア. やさしい　イ. ちょうどよい　ウ. むずかしい）
3. お話の数は？（ア. 多い　イ. ちょうどよい　ウ. 少ない）
4. おもしろかったお話は？（タイトルをお書きください）
（　　　　　）（　　　　　）（　　　　　）
5. つまらなかったお話は？（タイトルをお書きください）
（　　　　　）（　　　　　）（　　　　　）
6. さし絵がよかったお話は？（タイトルをお書きください）
（　　　　　）（　　　　　）（　　　　　）

e. 学研の10分で読めるシリーズ、なぜ？どうして？シリーズ、知って びっくり! シリーズで、ほかにお持ちの本がありましたら、そのタイトルをお書きください。

[　　　　　　　　　　]

f. このシリーズ以外で、最近お子様が好きな本のタイトルをお書きください。

※何冊でもどうぞ

[　　　　　　　　　　]

g. 今後どんなテーマのお話が読みたいですか？　ご自由にお書きください。

『10分で読める名作　4年生』　　ご協力ありがとうございました。

くつがぬれますから。」

「それでも水を入れてもらわないとぼくたちは死ぬじゃありませんか。」

と言いました。

赤がこう言いますと、白とぶちは、

「苦しいなあ。」

「ああ苦しい、水がなくちゃあたまらない。」

こんなことを言ってました。車しょうさんも駅夫さんもそれが気のどくなものですから、いろいろと考えてみました。

「それではこうしようじゃありませんか、駅長さんのところにある＊金だらいをはい借して、あれに水を入れてきてあげます。」

駅夫さんはこう言ってあちらへ行きましたが、しばらくしますと

＊金だらい…水やお湯を入れるための、金属でできた円形の容器。

大きな金だらいに水をたくさん入れて持ってきました。

「金魚さん、さあここへ入っていらっしゃい。」

「ありがとう、駅夫さん。」

「ありがとう。」

「どうもありがとう。」

ちゃぶん、ちゃぶん、ちゃぶんと
三びきは金だらいの中へ
飛びこみました。

駅夫さんは、

「ぴり、ぴりぴりぴり、ぴりっ。」

と笛をふきました。電車は新宿を出て、それから代々木だの千駄ケ谷だの信濃町だのを通りまして、四谷のもとの学習院の下のトンネルへ入りました。急に電気灯がつきましてそこらが暗くなったものですから、白とぶちは夜分になったのだと思いまして、

「ぐう、ぐう、ぐうぐう。」

といびきをかいてねてしまいました。トンネルを出てもまだなかなか目を覚ましそうでないものですから、赤はほかの人にはずかしいと思いまして、

「白君、白君、おいぶちさん、もうお起きよ。」

と言いました。白とぶちは一度に、目を覚ましまして、

「おや、もう夜が明けたのかい。」

「ぼっちゃんお早う。」

ねぼけてこんなことを言ってます。

「きみ、ここはおうちの池じゃないよ、電車なんだよ、さっき暗(くら)くなったのは夜分になったのじゃなくて、あれはね、トンネルといって土の中に電車の道ができているところなんだよ。」

と赤が教えてやったものですから、

「そうかねえ。」

「そんなことちっとも知らなかった。」

と言って二ひきはうなずいていました。それからだんだんと市ケ谷(いちがや)だの牛込(うしごめ)だの飯田町(いいだまち)だの水道橋(すいどうばし)などを通って電車はお茶(ちゃ)の水(みず)の停車場(ステイション)へ着(つ)きました。

「赤さん、あそこで人が体を半分水へつけてなにかをとっているが、あれはなんなのだろう。」

白がこう言いますと、

「あれはね、ぼくたちのごちそうのぼうふらをとっているのですよ、金魚屋のおじいさんがよくくれたね、あれだよ。このへんでとるのと見えるね。」

と赤は言いました。

「景色のいいところだねえ。」

ぶちはこう言いました。

「またいつかぼっちゃんにお願いしてここらへんへ遠足によこしてもらおうじゃないか。」

白が言いますと、

「そのときはお弁当はいらないねえ、ぼうふらがいるから。」と赤が言いました。三びきはプラットホームでこんな話をしてましたが、いま車しょうさんに持っておろしてもらった金だらいを、お茶の水の駅夫さんにあずけて、駿河台の鈴木町の菊雄さんのおうちへお使いにいきました。赤が太郎さんから聞いてきたご用を言いますと、

「それはご苦労さま、母さんえらい金魚さんですね、三びきで電車に乗ってお使いにきたのですよ。」

菊雄さんは母さんにこう言いました。

「それはえらいのね、ごほうびをあげましょう。」

母さんは三びきの金魚に焼*きふだのそうめんだのを紙へ包んでくださいました。けれど、金魚は手がないものですからおあずけしいて

＊焼きふ…火にあぶって、ふくれさせたふ。

帰ろうとしました。

「それではあとから小包ゆうびんで送ってあげましょう。」

「ありがとう、さよなら。」

白とぶちはだまっておじぎだけをしていました。三びきはまたお茶の水の停車場へ来て、そこから金だらいに入ってまた電車へ乗せてもらいました。今度はだれもトンネルでねむったりせずに新宿へ着きました。そうすると太郎さんと二郎さんと千代ちゃんは停車場へ小さいバケツを一つずつ持って金魚をおむかいにきていました。

＊現代かなづかいで表記しています。

与謝野晶子（よさのあきこ）　一八七八年大阪に生まれる。主な作品に、歌集『みだれ髪』、現代語訳『新訳源氏物語』、童話集『八つの夜』『うねうね川』などがある。一九四二年没。

出典：『日本児童文学大系⑥』所収　ほるぷ出版　1978年

人間に助けられたたぬきの、心温まる恩返しのお話。

たぬきのダンス

作・あさのあつこ

絵・たんじあきこ

桃子と瑞希

カミナリが鳴った。

「あっ、真っ黒。」

瑞希ちゃんが、大きな声を出した。桃子が、顔を上げると、ほんとうに真っ黒な雲が、さみだれ山のてっぺんから、もこもこもこもこ、すごい速さでわきだしていた。

「ほんと、真っ黒だ。すごいね。」

桃子は、目をぱちぱちさせて黒い雲を見つめた。ぱちぱちさせている間にも、カミナリ雲は、どんどんどんどん大きくなって空の半分ぐらいになってしまった。

「すごい雨がくるよ。」

瑞希ちゃんが、ランドセルをゆすって言った。

「ほんと？　秋なのに夕立がくる？」

「うん、すごいよ。今年最後の夕立だよ。最後の夕立は、すごいんだよ。シャワーをいっぱいにしたときぐらいの雨だよ、きっと。」

瑞希ちゃんが、うふっと笑う。桃子も笑った。学校からの帰り道だった。四年生になってから、桃子は、ずっと瑞希ちゃんといっしょに帰っていた。瑞希ちゃんといっしょだと楽しい。

瑞希ちゃんは、人の悪口言わないし、変なうわさ話みたいなのもしない。意地悪でもない。四年生になって初めて同じクラスで同じはんになった。すごく幸運だなと思う。

桃子は、三年のとき、クラスの女の子たちからムシされていた。最初は、絵里子ちゃんたちのグループと仲よしだったけど、絵里子ちゃんたちが、人の悪口やうわさばっかりするから、ふっと、

「あたし、そんな話、おもしろくない。」

と、言ってしまった。言ってからしまったと思ったけど、おそかった。

それから、ムシされるようになった。だれもしゃべってくれない。給食当番もいっしょにしてくれない。桃子は、もともとおしゃべりはあんまり得意じゃないし、一人でいることも、わりに平気だった。でも、クラスのほとんどの女の子からムシされるのは、つらかった。

広いさばくをたった一人で歩いているみたいな、知らない場所で迷子になったような気持ちがした。心細かった。

だから、四年生になって、瑞希ちゃんと友だちになれたのは、うれしい。いっしょにいて楽しい瑞希ちゃんが、友だちでうれしい。

ボツッと音がした。アスファルトの上でしずくがはねた。

「ほら、きた。桃ちゃん、走ろう。」

瑞希ちゃんが、桃子の手を引っぱった。

ボツッ、ボツッ、ボッ、ボッ、ボッ……

雨がひどくなる。手をつないで走った。商店街をぬけて、たんぼの道を走って、用水路のところまで来たとき、カミナリの音がした。

すごい音だ。

グワワワーン

桃子は、耳をおさえてしゃがみこんだ。雨もいっぱいふってきて、長そでブラウスやスカートをどんどんぬらしていく。

「桃ちゃん、たいへん。」

瑞希ちゃんの声がした。瑞希ちゃんは、用水路の底を指さしている。用水路は、二メートルほどのはばだ。田植えの時期には、水がいっぱい流れるけど、いまは、ちょろちょろ程度だ。その底に……。

「え？　犬。」

茶色い動物が、たおれていた。

「たぬきだよ。」

瑞希ちゃんが、はっきりそう言った。

「たぬき？」

桃子たちの町は、周りを山にかこまれている。むかしは、たんぼと果樹園だけの小さな町だったけど、桃子が生まれたころから、大きな道路がつくられて、山をくずしてたくさんの家が建てられるようになったそうだ。周りが山だから、たぬきも出てくるらしい。車にひかれて死んでいるのを何度も見た。

「死んでるの？」

「生きてるよ。ほら、あしがピクピクしてるもの。」

瑞希ちゃんの言うとおりだ。たぬきの後ろあしがぴくっと動いた。

「カミナリにびっくりして、転げおちちゃったんだ。」

瑞希ちゃんがつぶやく。桃子は、ちょっとおかしかった。ドジなたぬきだなと思ったのだ。瑞希ちゃんは、ランドセルを下ろして、後ろ向きに用水路を下りはじめた。

「瑞希ちゃん、助けるつもり？」

「うん。ほっといたら、おぼれちゃうでしょ。」

雨は、どんどん強くなる。用水路の水もどんどんふえていた。

「あっ。」

瑞希ちゃんが、足をすべらせる。桃子は、あわてて手を引っぱった。

「瑞希ちゃん、あたしが行くよ。あたしのほうが、じょうずに下りられると思う。」

瑞希ちゃんは、ちょっとぷっくりしている。登りぼうとかキライだと言っていた。桃子は、得意だ。用水路ぐらい、かんたんに下りられる。瑞希ちゃんが、うんとうなずいた。ピンクのカーディガンをぬいで、桃子にわたした。

「桃ちゃん、これでたぬき包んで。急にだくとびっくりしてかみつくかもしれないから、気をつけて。」

桃子（ももこ）は、ゆっくり用水路（ようすいろ）のかべを下りていった。

雨ですべって、ちょっとこわい。ひざこぞうをすりむいた。

「桃（もも）ちゃん、がんばれ。」

瑞希（みずき）ちゃんが、さけぶ。瑞希（みずき）ちゃんの頭も顔もびっしょりぬれていた。カミナリが光る。桃子（ももこ）が、たぬきのそばに下りたとたん、カミナリの音がひびきわたった。たぬきのあしとしっぽが動（うご）いた。小さなたぬきだった。大人（おとな）になったばかりなのかもしれない。お母さんと別（わか）れて、ひとりで生きていくんだなんて、はりきってたのかもしれない。がんばりやさんで、小さなちょっとドジのたぬきなんだ。

「桃（もも）ちゃん、早く。」

用水路（ようすいろ）のふちにはらばいになった瑞希（みずき）ちゃんが、手をいっぱいに差しだす。カーディガンで、くるりとまいてかた手にかかえて、桃子は、かべを上った。とちゅうで、瑞希ちゃんの手にたぬきをわたす。

「桃ちゃんもつかまって。」

瑞希ちゃんの手をつかむと、体がぐいっと引っぱりあげられた。

瑞希ちゃんは、力持ちなのだ。

「ドロだらけだね。」

瑞希ちゃんが桃子のブラウスを指さす。瑞希ちゃんのブラウスもよごれている。おでこも、あごにもドロがついていた。なんだかおかしくて、顔を見合わせて笑ってしまった。そのとき、瑞希ちゃんの横のカーディガンが動いた。動いたと思ったら、草むらに向かって、まっすぐに走りだした。

「あーっ。」

桃子と瑞希ちゃんは、同時に大きな声を出した。

カーディガンが止まる。ひょいとたぬきの顔がのぞいた。丸い目がくるんと動いたような気がした。桃子と瑞希ちゃんをこうごにじっと見て、たぬきはカーディガンごと草の中に消えた。

「あっあ、ちょっと待って。返してよ。」

瑞希ちゃんが、追いかけようとしたとき、いままででいちばん大きなカミナリの音がした。すごいいきおいで、雨がふってくる。

「瑞希ちゃん、あしたにしよう。あした、さがそう。」

「うん、あれ、買ってもらったばっかりだったけど。」

雨の中、瑞希ちゃんが、くちびるをかんだ。

「でも、桃ちゃん、たぬき、助かったもんね。」

そうつぶやく。桃子は、用水路をもう一度のぞきこんだ。底は、茶色の水がうずまいて流れていた。さっきまでたぬきのいたところも水の流れになってしまった。

間に合ってよかった……。

桃子は、ほっと息をついた。

たぬきのダンス

次(つぎ)の日、教室に入るなり、瑞希(みずき)ちゃんが飛(と)んできた。

「桃(もも)ちゃん、すごいの。きのう、すごいことがあったんだよ。」

瑞希(みずき)ちゃんのほほは、いつもより赤かった。目もうるんでいるみたいだ。

「あのね、たぬきのダンス見たの。」

「たぬきのダンス？」

瑞希(みずき)ちゃんが大きくうなずく。

「あのね、あたしね、きのう帰ってから、ママにすごくおこられたの……。」

瑞希(みずき)ちゃんのカーディガンは、一週間前に買ってもらったばかりだった。それをなくして、ブラウスやスカートまでどろどろによごした瑞希ちゃんに、ママは、おこった。たぬきを助けたっていう、瑞希ちゃんの話も、ぜんぜん聞いてくれなかった。去年、運動ぐつをなくしたことまで持ちだして、おこった。瑞希ちゃんは、悲しくて、はらがたって、おこるママがこわくて、部屋にとじこもっていた。夕食も食べなかった。ベッドで、うとうとしてたら、とつぜん、ママによばれた。

「瑞希、瑞希、早く来て。」

瑞希ちゃんが、部屋を飛びだすと、ママが庭に立っていた。ふりむいて、

「瑞希……あれ。」

と、小さくつぶやいた。

満月だった。夕立のあと、空には、真ん丸のお月様がのぼっていた。瑞希ちゃんの家の横は、すすきの野原になっている。そのすすきの間から、たぬきがのぞいていた。一ぴき、二ひき、三びき……全部で五ひきいた。五ひきは、首をきゅっとのばして、右に左にゆれはじめたのだ。五ひきが同じ方向に、同時に、右にゆらり、左にゆらり。たぬきの後ろには、満月がういている。前は、白いすすきの穂が、たぬきに合わせるようにゆれていた。

「たぬきのダンスだったの。とってもじょうずに、ゆれてたの。あたしもママも、びっくりしちゃって、でも見てたらすごくおかしくなって、大笑いしちゃった。しかもね、桃ちゃん、カーディガンがね、すすきの間にちゃんと置いてあったの。たぬきが返してくれたんだ。」

「せんたくして？」

「よごれたままだった。でも、ママ、すごい感げきしちゃって、たぬきが恩返しにダンス見せてくれたんだねって、にこにこになっちゃって。あたしの言うこと、信じなくてごめんねってあやまるの。それに、カーディガンもよごれが落ちなかったら、新しいの買ってくれるんだって。ね、最高でしょ。」

瑞希ちゃんが、体を右に左にゆらす。桃子は、そんなの変だと思った。桃子も、きのう、ママにおこられたのだ。

こんなに服、よごしちゃって、ドロよごれは、落ちないのよ。ランドセルもびしょびしょじゃない。たぬき？　たぬきを助けたって。なに言ってるの。

そんな感じで、おこられた。なのに、たぬきは来てくれなかった。

桃子の家は、マンションで庭がない。だから、来てくれなかったのだろうか。でも、そんなのずるいと思う。ひざこぞうをすりむいてまで、用水路から助けたのは、桃子なのに、ずるいと思う。

瑞希ちゃんが、にこっと笑う。

「ね、なにか物語みたいだよね。たぬきの恩返し、たぬきのダンス。」

「おかしいよ。」

桃子は、瑞希ちゃんの顔をにらんでしまった。

「おかしいよ、そんなの、たぬきはダンスなんかしないよ。瑞希ちゃんのうそつき。」

うそつきと言ってから、あっしまったと思った。絵里子ちゃんのときより、ずっと強くそう思った。瑞希ちゃんは、うそつきじゃない。うそをついたことなんか一度もなかった。なのに、うそつきと言ってしまった。瑞希ちゃんがまばたきする。大きな目が、たぬきににていた。

「あたし、うそつきじゃないもん。」

瑞希ちゃんの目から、なみだが一つぶだけ、ころんと落ちた。

ずっと友だちでいたい

放課後、桃子は一人で帰った。瑞希ちゃんに、あやまろうと思うのに、ことばが出てこなかった。瑞希ちゃんは、ずっとうつむいて、桃子を見なかった。

瑞希ちゃんは、うそつきじゃない。よくわかっている。あやまらなくちゃ。でも、あやまっても瑞希ちゃんがゆるしてくれなかったら……こわかった。心ぞうが止まるような気がした。桃子は、瑞希ちゃんのことが、とても好きだったんだと気がついた。瑞希ちゃんの笑い方や、話の内容や、たぬきを助けようとする心や……瑞希ちゃんの全部が好きなのだ。ずっと、友だちでいたい。

川のそばに出ていた。用水路がつながっている川だ。川原の石の上にすわって、空を見上げた。秋のきれいな青空を見たら、泣きそうになった。そのとき、カサッと音がした。川の向こう岸にすすきの穂が白く光っている。そこに、たぬきの顔があらわれた。一ぴき、二ひき、三びき。三びきいる。桃子は、こくっとつばを飲みこんだ。むねがどきどきした。

たぬきがおどる。たぬきのダンス。右に左にゆら、ゆら、ゆら。ゆら、ゆら、ゆら……。

遠くで犬が鳴いた。三びきのたぬきは、あっという間にすすきの中に引っこんだ。それっきり、出てこなかった。川がゆっくり青い空をうつして流れる。

桃子は、立ちあがった。

瑞希ちゃん、あたしも見たよ。たぬきのダンス見たよ。うそつきって言ってごめんね。ほんとに、ごめんね。

瑞希ちゃんに、そう言おう。あやまろう。

桃子は、走りだす。瑞希ちゃんの家まで、走れば五分だ。力いっぱい、走ろう。

川辺で、すすきがやさしく、風にゆれていた。

あさのあつこ　一九五四年岡山県に生まれる。主な作品に『バッテリー』（野間児童文芸賞）、『バッテリーⅠ～Ⅵ』（小学館児童出版文化賞）、『ぼくらの心霊スポット』『舞は10さいです。』などがある。

出典：『話のびっくり箱４年㊦』所収　学研　2000年

かっぱとよばれるほど泳ぎが得意な三太の、おおらかで自然ゆたかな物語。

かっぱの三太

作・青木　茂

絵・山口みねやす

　東京から中央線で一時間、全国で何番目かの長い小仏トンネルがあります。その上が小仏の難所、大垂水峠。真下を相模川が岩をかみ、ふちとなり、ごっごと流れていました。(いまでは大ダムができて変わってしまいましたが。)

　この真下の沼本という村の川原に立つと、小仏峠が、緑の深いきり、とでもいいますか、一まいのかべとなって頭の上にかぶさってきます。ゆうだいな風景です。ちょうどここに丹沢から流れるけい流が相模川と合して(合流して)います。これは道志川といいまして、水量こそ相模川とくらべものになりませんが、水質の美しい点で日本一といいたいのです。つまり味がいいのです。美しい風景を、美しい岩を、くぐり流れた水は、良い水になるのです。

こんな風景と、水とで育てられた子どもは、ほんとに「良い子」ができるわけですね。

夏でした。川はもう、*かじかが、どこでも、けろけろと鳴いています。子どもたちは、朝からばんまで川遊びで夢中です。くぐって(もぐって)、*やすであゆをついたり、*のぞきで、かじか(かじか魚のこと)をとったり、そして夕方になると女の子までもりっぱな漁師になるのです。それは村中の子どもが短いさおに、*一間半ばかりの糸をつけて、*か針を五、六本ゆわき、もろこしのくきでうきを作って、ぽちゃぽちゃと強い流れをたたくようにして流すと、ほんの日ぐれ前の、二、三十分間に、いいときは、二十ぴきもつれます。たいてい、小さな*赤腹か、小さなあゆですが、ときたま、大きなものも来て、糸を切られます。

くしにさして、いろりで焼いて、たまっていくのも楽しいものです。

お昼ちょっとすぎでした。十一歳になる三太が例によって大将で総勢六人が、かわいい女の子まで交じって、べんてんふちでぐっ

*かじか…カジカガエルのことで、おすは美しい声で鳴く。　*やす…木や竹の長いえの先に金具を取りつけて魚をさしてとる道具。　*のぞき…箱の底にガラスをつけて、水の中をのぞいて見る道具。
*間…長さの単位。一間は約一・八メートル。　*か針…毛針のこと。虫ににせたつり針。
*赤腹…コイ科の魚でハヤともいう。産卵期に腹の部分に赤い帯が出る。

ていました。道志川は川が小さいので、子どもたちの遊ぶ川としても申し分のない川です。三太は泳ぎがたいへんうまくって、村では、かっぱの三太、といわれるほどでした。もっともこのかっぱというあだ名は、泳ぎがうまいせいばかりでもないらしいのです。ある秋、村長さんのかきをとりにいって、つかまって、あまりとり方があらかったので、村長さんがはらを立てて仙じいのところへ連れていったとき、じいがおわびにと、頭のてっぺんを、かみそりで真ん丸くお皿にそりおとしてかんべんしてもらったのを、平気で学校に行ってから出たあだ名ともいいます。なんにしても、たいした子がっぱです。

一人がふちの流れだしにかけてある、『大名ど』という魚をとる竹で作ったわなのところへ行くと、

「わー、大きな赤腹が入ってるぞ、三尺もあるぞ。」

と大声を上げました。

みんなが走っていってみると、六、七貫もある石を組みあげてある、『ど』の中に、どうして無理に入ったかと思われるほど大きなこいのような赤腹が一ぴき入っています。

「大きいなあ、だが死んじゃってるぞ。」

と一人が言いました。ほんとは二尺近くもありましょう。川で育った子どもたちでも、生まれて初めて見る大魚です。

「仙じいの『ど』だぞ、上げてみよう。」

「でも、『ど』をいじるとしかられるぞ。」

漁師にとっては、『ど』はたいせつなくらしの手だてです。です

＊尺…長さの単位。一尺は約三十センチ。　＊貫…重さの単位。一貫は約三・七五キログラム。
＊手だて…手だん。

から子どもたちでも、『ど』だけはいじらないのでした。

「なに、おれが本家のじいの『ど』ならだいじょうぶだ。」

と三太は言います。そして三太は仲間の子どもたちに手伝わせて、石をどけて、『ど』を岸辺のぜっぺきの岩の上にかつぎあげました。

「大きいなあ、鼻をついて死んだんだぜ、くさっちゃいねいかな。」

「いや、くさっちゃいねいさ、まだ生きてるような色をしてるもん。」

三太は『ど』のしりのわっぱをぬいて、魚を岩の上にねかせました。そして、一同はまたあらためて、「大きいなあ」と感心しました。

だれとはなしに、仙じいに教えにいかなければ、ということになって、（実は子どもたちが自分でつかまえたような、得意な気持ちで）女の子が一人で、『魚』の番を言いつけられて、橋のたもとの仙じ

いのところにかけていきました。

「じい、じい様あのとこの『ど』に、こんな大きな赤腹が入っていたぞ。でもな、あまり大きいんで、あがっちゃってた（死んでいた）ぞ、こんな大きいのだぞ。」

と、両手をせいいっぱいに広げて見せました。

「ばかこくでねえ。五月のぼりや、塩じゃけではあるまいし、そんな大きな赤腹がいるか。」

「うん、これくらいはあるぞ。」

と、今度は二尺ばかりに手をちぢめました。

「はてな、するとこの川の主、あの*かっぱふちの赤腹が入ったかな。すればてい（だとしたらたいした）したものだ。」

と、作りかけのわらじをそのままに立ちあがりました。

じいの本職は相模きっての漁師です。道志の鬼仙でも、そんな大きな魚が自分の『ど』に入ったとすればうれしいのです。

「くさっちゃいねえか。」

と子どもの一人が言いますと、じいは、

「今朝早く見回ったときは入ってはいなかっただからの、まだあがったにしても、何時間もたっていねいさ。」

と返事をしました。なにこいつはな、ちぎら（町の名）のお医者さんのところに薬礼の代わりに持っていこう。先生も川がり*ときたら、病人の命そっちのけのほうだから、さだめしびっくりするだろう。少し生きが悪くなっていたら、火でこんがりあぶって、乾*にかけて、ぴんとはらして持っていけばいいと思いました。

やがてふちの岩の上に来ると、番をしていた女の子が変な顔をし

＊川がり…川で魚をとること。　＊乾にかけて…水分がなくなるまでかわかして。
＊かっぱふち…かっぱがすむという川の深いところ。

ています。『ど』も『魚』もないのです。

「あのな、みんながあっちに行ってしまうとな、死んだ魚が、目ん玉をぎょろって、あたいをにらんだだよ。そしてな、ぴょん、ぴょんと二度大きくはねてな、あっという間にふちの中に飛びこんでしまったぞ。」

「うえ、『ど』はどうした。」

「魚がはねたひょうしに、『ど』が、ころころと、転がって流れちまった。」

仙じいは、いままでのにこにこ顔が、消えてしまうと、はちまきの下の青すじがむくむくと太くなりました。よけいなことをして、たのまれもしないのに、『ど』を上げて、そのうえしりまでぬくから、こんなことになった、と子どもをひとわたりがなりちらしました。

「三太だい、三太だい。」

とべそをかいている子どもに、

「三太がやろうてもな、よせと言って、止めるもんだぞ。魚だって、年とってこうら*をへりゃ、ちえが出てな、死んだまねをして、ばかな子どもぐらいはだますんだ。でもな、魚はにげちゃったとしても、『ど』を流したのが、なんともったいねい。おまえら、くぐってさがしてみろ。」

と子どもにむぐらせて(もぐらせて)みましたが、しずんでもいません。じい様六十年のしょうがい、こんな大ぞんは初めてです。

「おまえらみたいな悪がっぱはな、かっぱふちへでも行ってかっぱのえさにでもなるがよいぞ。」

と決めつけて、しおれきってきょうしゅく*している子どもたちを残

＊こうらをへりゃ…経験を積めば。　＊きょうしゅくしている…申しわけなく思っている。

して帰りました。じいは、どう考えてもはらにすえかねることではありましたが、三太は自分の孫である以上、手あらなこともできかねたのです。

じいは、わらじを早く作ってあゆの*友引に出なければなりません。

子どもたちはしばらくしょんぼりしていましたが、

「三太やい、じいはな、おまえたちみたいな悪がっぱは、かっぱふちのえさになれと言ったぞ。」

と一人が言いました。

「なに、かっぱなんかいねえって、ちゃんと先生が言ったぞ。それはみんなむかしの人のうそだってな。」

「でもたしかに、見たって者がある。雨のふる日、子がっぱがな、ふちの岩の上ですもうをとっているのを、大がっぱが高いところで見ていたってよ。」

「するといるのかな。先生は土地のもんでねえから、まだかっぱを知らねいのかもしれねいな。でもかっぱって悪いことをするかしら。」

「するとも。こないだ、藤吉のこんにゃく畑がひとばんでみんなかれたのはな、かっぱが小便かけたせいだって言っていたぞ。」

「そんな悪いことするんじゃ、せいばつ*しなくちゃなんねいな。」

と三太は言いました。

「だっておまえ、せいばつなんて、大人でなければできないさ。」

「桃太郎を見ろ。桃太郎は大江山の酒てん童子をせいばつしたでないか。」

「三ちゃん、桃太郎は鬼ガ島だよ。」

*友引…友づりのこと。あゆのつり方の一つで、おとりの生きたあゆに糸をつけて放し、これにさそいよせてほかのあゆを針にかけてつるつり方。　*せいばつ…悪者をこらしめること。

と女の子が異議を申したてました。

「どっちだって同じだい。」

「でも、かっぱはこわいぞ。しりこ玉をぬいて食うって言うからな。」

「ふんどししてればだいじょうぶだい。こないだな、水車小屋の池にいる食用がえるをな、小屋のおじさんがおれに見せて、これはアメリカから来たかえるだ。むかしならさしずめ、かっぱだね、って言ったぞ。あんな、青ぎゃーるの親玉みたいなもんはな、こわいもんか。これから、かっぱふちへせいばつに行こう。そしてふんづかまえて焼いて食ってしまおう。」

と三太が力みました。

同勢六人あまり、賛成でない者もありますが、しりごみすれば弱虫と笑（わら）われるのがいやさで、*から元気でついていきます。

かっぱふちは見るからにものすごい場所（ばしょ）です。川の半分くらいまで大きな一まい岩が乗（の）りだして、その背（せ）は切りたったような山が二百尺（しゃく）も上の街道（かいどう）まで、まっすぐにそびえています。ふちは青くとろんとしているようですが、どうして、なかなか油断（ゆだん）できません。いつも、すーっとじょうごのようなうずまきが、水面（すいめん）にあらわれます。竹のぼうでも投（な）げこむと、まっすぐ立ったまま、こまのように静（しず）かに立っています。これは、水底（すいてい）に大きなうずまきがある印（しるし）です。村の大人（おとな）だって、こんな気味（きみ）の悪（わる）いところにはもぐらないのです。もっともあまり深（ふか）くって、漁（りょう）にならないせいもあるでしょうが。

三太（さんた）は、

「おいら一人でいいや。かっぱの大王を、このやすでつんざしてく

*異議（いぎ）…反対（はんたい）の意見（いけん）。

*から元気…元気があるように見せかけること。

るからな。」

と、短いやすを持ってふちの中に飛びこみました。

くるくると回されて、じいっと流れに持っていかれたと思うと暗くなりました。

ははあ、こんな大きな、『たな』があるのか、と、ちと気味が悪くなりました。たな、というのは水の流れで、山がえぐれてあなになっている場所です。

岩のわれ目から、ぎろりと目を光らせたものがあります。さてはかっぱ大王かと思うと、土びんのふたほどの太さのある大うなぎです。両あごを、ぷーっとふくらませて、

「帰れ、帰れ、息のあるうちに帰れ。ここは、おまえらの来るところではないぞ」と言います。

「こいつ、生意気に人間のことばなんてしゃべりやがって。」と思いました。だが三太は残念ながら、息をはっているだけがいっぱいで返事ができません。

「ちびのくせに、よせよせ。おかっぱ様に見つかったらば、そのままでは帰れないぞ。悪いことを言わないから帰れ。」

とまた言います。しかしいやしくも三太です。こんなうなぎの化け物のちゅうこくなぞ聞くことはできません。一けり足をけっておくの方に進んでいきました。

ごっごごごご、すうーん、という水音が頭の上の方でします。三太は、もうこのへんで一度水の上にうかびでないと息が続かなくなりそうです。それで身の向きを変えようとすると、むんずと、上からふんどしをつかまえた者があって、背中の岩へ、ぎっしりとはりつけられました。岩をけってみましたが身がちょっとも動きません。ごっごごご、という流れの音が、いつしか、はあ、はあはあ、はははははという気味の悪い笑い声になりました。

自分の目の前の、ただの石が立っているとばかり思っていたのが、なんと、たしかにかっぱのすがたなのです。水車小屋の池にいる大がえるが立ったような形で、身は水あかで気味悪くぬらつき、顔は、はっきりしませんが、とんがった口先をしています。

「なにくそ。」

と、もう命がけです。やすで一つき力いっぱいつきました。ごつん、といってはねっかえりました。たしかに、かっぱだと思ったのが、ただの石に変わりました。それと同時にはりつめていた息を、*不覚にもはきだしたので、ごほんごほんと水にむせました。

「おれはおぼれて死ぬんじゃないか。」

と三太はそのしゅん間思いました。

息をはきだすと、身が重たくなったのです。岩に背をぴったりすいつかれていたのがはなれて、すーと下にしずみました。そして静かなすなの上に横になりました。

「死ぬっていうことも、悪い気持ちのもんでもないな。」

と、ちょっと、とっさに思いました。

「とっさんにも、おかあにも、もうおれあ、会えないんだ。お花ぼうとも、学校の友だちとも遊べないんだ。」

とむしょうに悲しくなりました。水の中でなければ、きっとなみだが流れていたでしょう。

「つまらねいかっぱたいじなんかに来るんじゃなかった。もうきっ

＊不覚…油断して、失敗すること。

と、とっくにおれあ、しりこ玉をぬかれたにちがいない。もし運(うん)よくまたもとの村に帰れたって、しりこ玉がなくっちゃみんなに笑(わら)われるに決(き)まっている。頭の毛をそられたくらいじゃねえ。」

「おれは仲間(なかま)の中で、いちばん強いと思っていたが、強いものはあるもんだな。かっぱはおれより強かった。とんでもねえことになっちゃった。」

「くくくくく」としのび笑(わら)いをしながらやってきたものがあります。それがどうでしょう。さっき子どもたちを、*うまうま一ぱい食わせてにげおおせた大赤腹(おおあかはら)です。

「三太(さんた)、もう、こりたかよ。ここはな、魚にとってはいちばんいい村だが、気のどくだが、人間の来るところじゃない。なんだ、三太(さんた)はあがっちゃったのか。くさっちゃったんじゃあるまいな。ま

*うまうま一ぱい食わせて…まんまとうまくだまして。

だ色がいいや。なんなら助けてやろうか。おれだって恩ということは知ってるからな。おまえのような、いい子がいなけりゃ、いまごろおれは、じいのいろりでぴんとつっぱって焼かれていたんだからな。おまえがおれを、『ど』から出してくれたんで助かったんだ。その礼に、一度だけ助けてやろう。うん、世話のやける悪がっぱだな。重いな。四尺ぐらいあるかな、大きいな。」

と言いながら、三太を自分の鼻ですなの上を二、三度、ぐるりぐるりと、転がしました。すると、三太の身は流れに乗って、ころころと流れはじめ、岩のたなの下から流れでて、下の浅瀬に引っかかりました。

あ、三ちゃんが出てきた、と子どもたちはかけよりました。でも三太は、ちょうど『ど』の中の赤腹のように静かにじっとしています。

子どもたちも三太が水の中にくぐったはいいが、あまり長いので、なんとなく、うす気味悪く思っていたのでした。みんなが勇気を出して三太を川原に引きあげました。もし一人でもこのときにげだしたら、きっとみんなにげてしまって、三太が水の中で、じっとしていたことは、大人がさわぎはじめるまで、だまっていたかもしれません。

しばらくは、赤腹のように、とつぜん目を開いて、ぴんぴんと、はねあがると思って見ていましたが、どうも、「あがって」しまったらしいので、これはたいへんなことになったと、三ちゃん、三ちゃん、と、代わる代わる大声を上げてよびました。三ちゃんが、おぼれた、これは大人をよんでこなければいけないと気がつきました。

ちょうどそのとき、おとり箱をぶらさげて、あゆのおとり引きにやってくる仙じいが、「三ちゃ、三ちゃ」と言うただならぬ声と、子どもが自分の方へかけてくるのを見つけて、なにか、ただごとでない気配を感じ、仙じいも、その方へよいまち草をなぎたおしてはせつけました（走ってきました）。

川原に転がっている孫を見て、これはたいへんだ、とびっくりしました。でも、相模の鬼仙は川の主です。いままで水に自分もおぼれたこともあるし、人を助けたこともあります。水を飲んだって、けつが開いてなければ、だいじょうぶだ。つまり、かっぱにしりをぬかれていなければ助かる、という信念を持っていました。そして、まず第一におしりを見て、おしりがしまっていたので、安心しました。

　火をたいて、あぶろうと思いましたが、石やすなが熱いので、これをよせあつめて、小山を作って、その上に三太をはらばいにさせました。そして背中を、息をつくようにおしました。すると初め、水が口から少しずつ流れでましたが、今度は、ごぼごぼとはきはじめ、三太は、ぱっちりと目を開きました。

「ああ、もうだいじょうぶだ」とじいは言いました。

「悪いがきだ、ほんとに目もはなされねい悪たれだ。いますんでのことで、かっぱにしりをぬかれるところだった。」

と、いま、生きかえった三太をしかりました。

　じいは三太を背に負って、ぞろりぞろりと子どもたちに、おとり箱やさおを持たせて川原を歩いています。

「だいじょうぶにはだいじょうぶだが、でもあとで病気を引きだすといけねえから、ちぎらの、お医者のところへ連れていってやろう。*先は、赤腹を持っていこうと思ったのに、とんでもねえ赤腹になったもんだ。」

と一人で苦笑をしました。

「じい、おれあ、一人で歩けるよ。」

と言うのを、もし、こいつをはなしたら、今度はどんなことをしでかすかと案じられて、

「この悪がっぱめ、せめてくたばったときでもおとなしくしてろ。」

と言って、川原をおぶって歩いていきました。

*先…先ほどまでは。

青木　茂（あおきしげる）　一八九七年東京に生まれる。主な作品に『笛のおじさんこんにちは』『三太物語』『三太の夏休み』『三太の湖水キャンプ』などがある。一九八二年没。

出典：『6年の読み物特集』所収　学研　1977年

養護学校に通うしんちゃんは、えみちゃんにとって、だれよりも大切なお兄ちゃんです。

しんちゃんとえみちゃん

文・山元加津子

絵・大庭賢哉

わたしは、養護学校の先生をしているの。これは、そこで出会ったすてきなきょうだいのお話です。

お兄ちゃんのしんちゃんは、わたしのいる養護学校の卒業生で、えみちゃんはしんちゃんの妹。とっても仲よしのきょうだいなんだ。

まだしんちゃんが学校に通っていたころ、運動会や参観日になると、お母さんは必ずえみちゃんを学校に連（つ）れてきていた。えみちゃんはまだとても小さくて、あぶなっかしい足取（あしど）りで、コトンと転（ころ）ぶと、ワーンと泣（な）いて、必（かなら）ず「お兄ちゃーん」としんちゃんをよんでいたんだ。するとしんちゃんは、黒板（こくばん）のところで漢字（かんじ）を書いていても、体育（たいいく）で飛（と）び箱（ばこ）していても、すぐにえみちゃんのところに飛（と）んでいって、

「だいじょうぶですよ。いたくないですよ。」

って、えみちゃんをだきおこしていた。

しんちゃんはえみちゃんのスーパーマンみたいだなあと、いつもわたし、思っていたよ。

みんなは養護学校ってどんなところか知ってる？　手や足が動きにくくて、車いすに乗っていたり、それから計算が苦手だったり、人と会うのが苦手だったり、いろんな理由があって障害があると思われている子どもたちが通っている学校なんだ。

しんちゃんはどういう障害があるの？　ってみんなは思うかもしれないね。わたしも、じょうずにお話しすることはむずかしい気がしてる。たとえば、しんちゃんは計算がすごく得意なんだよ。いっしょにお買いものに行って、

「ねえ、しんちゃん、かごに入っているものは、合わせていくら？」って、おさいふに少ししかお金を持ってきてなくて、足りるかなと心配になってたずねると、

「消費税まで入れて、三千四百六十一円です。」

っていうふうに、三秒もたたないうちにしんちゃんは計算できちゃうんだよ。それからカレンダーのね、曜日当てがすごいの。昭和二五年の十一月四日は何曜日？　ってきくと、しんちゃんだってわたしだって、生まれていないような日の曜日までぴたりと当てるんだよ。未来の曜日も、しんちゃんは知ってる。どうやってわかるんだろう……。すごいよね。

　もししんちゃんに不得意なものがあるとすれば、予定を変えられるのがきらいってことかなあ。学校に来るとき、いつも通っている

道が工事中で通れないとき、しんちゃんはどうしてもどうしてもその道を通りたくて、無理に工事中のあなの中に入ってまでも、いつもの道を通ろうとしたことがあったよ。でも、とちゅうで止められてしんちゃんはその日一日中ずっと泣いていたんだ。それから時間を変えられるのも得意じゃないんだ。十二時にお昼ご飯って決めていたら、体育の時間が少しのびて、まだ授業中でも「お昼ですから」って言って、食堂に行ってしまう。もう三分待ってと言われても、待つのはむずかしいみたいで、

「おことわりします。十二時ですから。」

って、しんちゃんは言ってた。それから、人ごみがきらいだったなあ……。

　いまはしんちゃんは、養護学校の卒業生がたくさん通ってる小さ

い工場で働いている。えみちゃんは、もう中学生。

この間、しんちゃんのお父さんから電話がかかってきて、

「お母さんがぎょうざを作ると言ってるから、食べにおいで。」

って、さそってくれたんだ。うれしくて出かけたら、ちょうどえみちゃんが学校から帰ってきたところだった。お母さんが、

「お兄ちゃんといっしょにスーパーで、ぎょうざの材料を買ってきてちょうだい。」

って、言ったんだ。そしたらえみちゃんはちょっといやな顔をして言ったの。

「えー？　お兄ちゃんといっしょに行くの？　お兄ちゃん、だれにでも返事をするから、えみ、はずかしいな。」

「そんなこと言わないで。ね、お兄ちゃん、だれにもお返事しない

よね。」

しんちゃんが、

「はい、だれにでもお返事はしないことですね。」

って言うと、えみちゃんは笑って、

「それって、すごくあやしいよね、先生。」

って、わたしに言ったの。わたしも、

「そうだね。」

って、返事したんだけど、それにはこういうわけがあったんだ。

しんちゃんが学校にいたときね、よくひとりごとを言っている男の先生がいたの。その先生はトイレに行きたくなったときも、

「さあ、しょんべんに行ってこよう。」

なんて言うのだけど、そのときもしんちゃんは、

「そうです、がまんはよくありません。すぐに行ってきてください。」

って、言っていたし、

「ああ、つかれたなあ。」

「そうですか。つかれましたか。」

というふうに、しんちゃんはいつもお返事していたんだ。

その日はえみちゃんが、いっしょに行こうとさそってくれたので、いっしょに出かけたんだ。お買いものかごに、ぎょうざに入れるにらや、しょうがや、ひき肉やいろんなものを入れて、三人でレジに行ったらね、レジの女の人が、

「毎度ありがとうございます。」

と、わたしたちにていねいに頭を下げてくれたの。そしたらしんちゃ

んも、ていねいに頭を下げて、

「毎度(まいど)は来れないのですよ。いつも来たいところなのですがね。」

って、お返事(へんじ)をしたんだ。レジの人は少しびっくりしたみたいだった。

それからね、レジの人が、

「にら、二百八十八円です。」

って、品物(しなもの)の名前とねだんを言ったら、しんちゃんは、

「そうです。にらは二百八十八円。まちがいございません。」

と、お返事(へんじ)したの。レジの人がはずかしそうな顔をしたから、えみちゃんもお兄ちゃんのそでを引っぱって、

「お兄ちゃん、お兄ちゃん。」

って、声をかけたの。しんちゃんは頭をかきながら、

「あ、あ、すみません。お返事はしないことですよね。」

って、言ったんだ。

そのとき、わたしたち三人の後ろに順番を待っていた女の人が、えみちゃんのかたをぽんぽんとたたいて、

「えらいえらい、あなた、えらいわねえ。お兄ちゃんがこんなふうじゃたいへんね。」

って、言ったの。

みんなも、しんちゃんみたいなお兄ちゃんがいたら、たいへんだと思う？　えみちゃんはそうは思わなかったんだね。そのときくるっとその女の人の方を向いてこんなふうに言ったんだよ。

「いいえ、たいへんなことは少しもないです。兄はただ、だれに対しても、一生けんめいに返事をしているだけなのです。兄のして

TV
256
512

いることは、人間として、あたりまえのことだと思います。」

わたしはえみちゃんのことばを聞いて、むねがいっぱいになったの。しんちゃんのすてきさをいちばんよく知っているのは、えみちゃんだったんだなって思った。しんちゃんがいろんな人にお返事したり、工事中のあなを乗りこえてるのを見て、「こまった人だなあ」なんて考え方もあるかもしれないけれど、「しんちゃんって親切だなあ、しんちゃんって一生けんめいだなあ」って、いう考え方もあると思う。そしてしんちゃんに会ったみんなが、いつの間にか心が温かになっているのも、しんちゃんの宝石みたいに、きらきら光るすてきさなんだよね。

みんなの中には、たとえば走るのがおそかったり、おっちょこちょいだったり、なにかほかに理由があって、自分のことがきらいだななんて思う人がいるかもしれない。でもね、わたしは、しんちゃんやえみちゃんのようにきらきらとかがやく宝石を、みんな持ってると思うんだ。だからね、みんな自分のこと、好きでいてほしいなあと思うよ。だって、どの子もどの人もみんなかがやいていて、すてきですばらしいんだもん。

山元加津子（やまもとかつこ）　一九五七年石川県に生まれる。主な作品に『たんぽぽの仲間たち』『違うってことはもっと仲良くなれること』『魔女・モナの物語』などがある。

出典：『お話びっくり箱２年㊦』所収　学研　2001年

詩

夏休み

作・鈴木初江

じゃがいも　ほったら
畑のまんなか
からりと　あいた

春からずっと
たねいも　そだて
子いも　ふとらせ
ひと仕事おえた畑

絵・河野あさ子

夏休み

さあさあ
石灰(せっかい)　まいとくよ
たっぷり　日にあたって
おやすみ

畑(はたけ)だって　夏休み
秋風ふいて
だいこんのたねを
まく日まで

鈴木初江（すずきはつえ） 新潟県に生まれる。詩人。主な作品に『はねだしの百合』『またあした』（三越左千夫少年詩賞）などがある。

出典：『ちきゅうのリズム』所収　リーブル　2003年

魔法使いが持ってきた木馬で、大ぼうけんに乗りだすことになった王子の物語。

空飛ぶ木馬

千一夜物語より　文・岡本文良

絵・篠崎三朗

むかし、ペルシア*の国に、サブル王という、王様がいました。王様には、王子様と王女様が一人ずついました。

王様の誕生日になりました。

「王様、おめでとうございます。」

おおぜいの人が、お祝いを持ってきました。

山おくに、年寄りの魔法使いが、すんでいました。

その魔法使いも、弟子たち

に、大きな荷物を運ばせて、お城に来ました。

「王様、プレゼントでございます。」

開けると、りっぱな木馬が入っていました。

「王様、これは、空を飛ぶ木馬でございます。にじも飛びこせますし、広い海も、ひとっ飛びで飛んでしまいます。」

王様は、すっかりうれしくなりました。

「よし、魔法使い。おまえにも、好きなものを、ほうびにやろう。」

「では、王様、かわいらしい王女様を、わたしのおよめ様にいただきとうございます。」

(しまった!)

王様は、心の中で思いました。

でも、もう、しかたありません。王様は、しぶしぶ、王女と魔法使(つか)いを、けっこんさせることにしました。

「ああ、魔法使(まほうつか)いのおよめさんに、させられてしまうなんて……！」

王女が、悲(かな)しみました。それを聞いて、カマル王子が、王様(おうさま)のところに行きました。

「父上、妹がかわいそうです。けっこんはとりやめてください。」

魔法使(まほうつか)いは、王子の話を聞いて思いました。

（こいつはまずいぞ。そうだ、この王子を追(お)いはらって、ころしてしまおう。）

魔法使(まほうつか)いは、王子に言いました。

「王子様(さま)、この木馬に乗(の)ってみませんか？　まるで、矢のように、空を飛(と)びますよ。」

「えっ、空を飛(と)ぶ？　ほんとうかね？」

＊ペルシア…いまのイラン。

王子は、目をきらきらかがやかせて、木馬に乗りました。

「王子様、くらの右側にあるかぎをひねると、木馬は空にまいあがります。」

魔法使いが、言いました。

カチッ！　王子が、かぎをひねりました。

ブーン、ブーン！

木馬は音を立てて、飛びあがりました。

「あっ、あぶない！」

木馬は風をきって、ぐんぐん、ぐんぐん、飛んでいきました。

「どこまで行くんだ？」

王様が、心配そうにたずねました。

「もっともっと高く、お日様までです。」

魔法使いが、笑いました。

「木馬をもどせ。王子が死んでしまう。」

「いえ、だめです。王子は、わたしのけっこんに反対しました。だから、お日様に、真っ黒こげに焼きころしてもらうのです。」

木馬が、とうとう見えなくなりました。

王様は、魔法使いをとらえて、ろうやに入れました。

お日様が、どんどん、近くなりました。

木馬も、王子も、どんどん熱くなりました。

「たいへんだ。黒こげになってしまうぞ。」

王子は、木馬の体をさぐりました。すると、くらの左側にも、かぎがついていました。

カチッ！　王子は思いきって、それをひねりました。木馬がひらりと回れ右をしました。

「やっと、助かった。」

王子は、そのあと、右と左のかぎを使って、サナという国まで飛んでいきました。

「おや、お城があるぞ。行ってみよう。」

屋根におりて、中に入ってみました。

りっぱな部屋に、シャムス王女が、ねむっていました。

「なんという、美しいおひめ様だろう！」

王子は、そっとキスをしました。

王女が目を覚まして、にっこりしました。

二人は、たがいに好きになりました。

サナの王様が、おおぜいの家来を連れて、入ってきました。

王子とシャムス王女は、あわてて立ちあがりました。

「おまえは、何者だ？」

王様が、おこってどなりつけました。

「ペルシアの国のカマル王子です。」

王子は、どうどうと答えました。

「どのようにして、ここへ来た？」

「馬に乗ってきました。」

「そんなはずはない。庭には二百人の番兵と二十頭の犬がいるんだ。」

「ほんとうです。屋根の上に馬がいます。」

「なにっ！　では、その馬は空を飛べるというのか？」

「はい、そうです。」

王様は、しばらくぽかんとして、目をぱちくりさせていました。

「それで、おまえは、ここでなにをしていたのだ？」

王様が、ふたたびききました。

「わたしは、おひめ様が好きになりました。ぜひけっこんしたいと思っています。」

「なにっ、けしからん！　おまえなど、いますぐころしてやる。」

王様は、ますます、かんかんにおこりだしました。

「わたしも、王子です。ころされるくらいなら、りっぱに戦って死にます。」

「では、わしの軍隊と戦うか？」

「戦います。」

王女が泣きながら、王子にすがりつきました。

「どうか、戦うのはやめてください。」

でも、王子は聞きません。とうとう野原に出て、戦うことになりました。

王子は、木馬に乗りました。軍隊が、野原に集まっていました。

刀ややりが、光っています。

王子は木馬に乗って、そうっと、軍隊の後ろに回りました。

一人の兵隊が、ふりかえってさけびました。

「あっ、あそこに、やつがいるぞ。」

みんなはふりかえって、笑いだしました。

「なんだ、木の馬に乗ってる。」

「それ、やっつけろ！」

兵隊たちは、刀ややりをふりかざして、おそいかかってきました。木馬は、ひらりと飛びあがると、みんなの頭の上を飛びこえて、後ろに回ります。

王子は、にこにこ笑っています。

五度も六度も、ひらりひらり！

兵隊たちはへとへとになって、すわりこみました。

王様がお城の上で、おどろきながら、ながめていました。

王子は木馬を飛ばして、ペルシアの国に帰りました。

お城で、おそう式が行われていて、王様や王女が悲しんでいました。

「父上、だれのおそう式です？」

王子がたずねると、王様はふりかえって、びっくりしました。

「おう、おまえは生きていたのか！　実は、おまえのそう式だったのじゃ。」

悲しみのなみだが、たちまち、うれしなみだに変わりました。

王様が、王子に言いました。

「ろうやの中に、魔法使いがいるんじゃが……。どうしたらいいだろう？」

「どうか、助けてやってください。あの木馬のおかげで、ぼくにはいいことがあったのですから……。」

王様が、うなずきました。

王子は、サナの国の話をしました。

「父上、わたしをシャムス王女とけっこんさせてください。」

でも、王様は答えました。

「いや、ならぬ。その国の王は、おまえをころそうとしたのじゃろう。」

王子は、がっかりしてしまいました。

でも、それからも、シャムス王女のことを、決してわすれませんでした。

サナの国のシャムス王女も、心の中で、王子のことを思いつづけていました。

「ああ、わたしの王子様！」

その心は、まるで魔法のように、王子の心に伝わりました。

ある日、王子は、ひらりと木馬にまたがって、お城を出ました。

ろうやを出た魔法使いが、じいっと、それをにらんでいました。

木馬は、ひゅーんと、サナの国のお城へと飛んでいきました。

王子が王女の部屋に入っていくと、王女は、すやすやねむっていました。

王子は、そのきれいな顔にキスをしました。

王女が目を覚まして、にっこりしました。

「ああ、王子様。お待ちしていました。」

「わたしは、あなたをむかえにきたのだ。」

王女は、すばやく起きて、したくを始めました。

きれいなドレスを着て、宝石をかざりました。

ああ、なんという美しさでしょう！

二人は木馬に乗って、
空にまいあがりました。

そして、お城（しろ）の近くのべっそうに、着（つ）きました。

王子が、言いました。

「わたしは、けっこん式（しき）の用意（ようい）をしてくる。その間、この木馬からはなれないで、待（ま）っていなさい。」

「はい。」

王女は、心配（しんぱい）そうな顔をしながら、答えました。

王女は、池のそばのベンチにこしを下ろして、待（ま）っていました。

魔法使（まほうつか）いがものかげにかくれて、じいっと、王女を見つめていました。

「しめしめ。これで、王子に仕返（しかえ）しができるぞ。」

やがて、魔法使（まほうつか）いは、王女の前にすがたを見せました。

「あなた様（さま）は、サナ国のシャムス王女様（さま）でございますね。」

王女は、そのこわそうな顔を見て、思わずどきんとしました。

魔法使いは、続けました。

「わたしは、カマル王子様から、あなた様をお連れするようにと、言いつけられてきました。さあ、木馬に乗って、お城に行きましょう。わたしが木馬を動かしますから……。」

王女は、魔法使いが自分や木馬のことを知っているので、安心しました。

「どうも、ありがとう。」

そう言うと、魔法使いといっしょに、木馬に乗りました。

でも、木馬は二人を乗せると、お城と反対の方に飛んでいきました。

王女は、あわててたずねました。

「いったい、どこへ行くのです？」

魔法使いは、大声を出して笑いだしました。

「わっはっは。わしは、カマル王子をうらんでいる魔法使いだ。これから森に行って、おまえとけっこんするのさ。」

王女は、飛びおりようとしました。でも、しっかりつかまえられてしまいました。

森の上に来ました。見ると、かりをしている人たちがいました。

木馬が、森におりました。

「さあ、わしのつまになるんだ。」

魔法使いが言うと、王女は答えました。

「いやです。死んでもなりません。」

そこへ、かりをしていた人があらわれました。どこかの王様らしい、りっぱな身(み)なりでした。

王女は、大声でさけびました。

「どうか、お助(たす)けください。わたしは、ペルシアの王子のいいなず*けです。この魔法使(まほうつか)いに、さらわれてきました。」

王様(おうさま)らしい人が、刀をぬきました。

王女は、思わず、目をつむりました。

ビューン――――！

「ぎゃあっ！」

刀のうなる音と、魔法使(まほうつか)いの悲鳴(ひめい)とが、同時に聞こえました。

目を開(あ)けると、魔法使(まほうつか)いは刀で切られて死(し)んでいました。

「助(たす)けていただいて、ありがとうございました。」

王女が、お礼(れい)を言いました。

＊いいなずけ…けっこんの約束(やくそく)をした相手(あいて)。

すると、王様らしい人は、意地悪そうに言いました。

「わしは、ペルシアと戦をしているルム国の王だ。だから、おまえを助けても、ペルシアには帰さない。ルム国に連れていって、わしのつまにするんだ。」

「ああ、神様――！」

王女は気を失って、たおれてしまいました。

ルム国の王は、王女をだきかかえて、馬に乗せました。

それから、木馬もいっしょに、自分の国に連れていきました。

ペルシアのカマル王子は、なにも知らずに、べっそうにもどってきました。

シャムス王女も、木馬も、いません。

「王女よ、どこへ行ったんだ？」

王子は悲しみながら、ほうぼうの国をさがして歩きました。

王子がルム国まで来ると、

「おまえは、ペルシア人だな。」

つかまって、ろうやに入れられました。

すると、ろうやの中に番人が入ってきて、話しだしました。

「おい、この前、王様にペルシア人の男がころされて、いっしょにいたわかい女と木馬が、さらわれてきたよ。」

王子は、むねがどきんとしました。でも、なんでもない顔をして、ききました。

「ふーん。それで、その女は、いまどうしてるんだい？」

「かわいそうに病気になってしまった。」

番人が言いました。

（そうか、シャムス王女は、病気になったふりをしているんだな。）

王子はそう思いながら、言いました。

「ふーん。わたしは、そういう病人をすぐなおせるよ。」

番人はびっくりした顔をして、どこかへ飛んでいきました。

やがて、王子は、王様によびだされて、王女のところに連れていかれました。

王子と王女は、すばやく、目と目で合図をしました。

「さあ、早くこの女をなおしてみろ。なおせたら、ほうびをやるぞ。」

「はい、かしこまりました。王様。」

王子は、王女のそばによって、しんさつするふりをしました。

「王様、この女には、木馬のたましいが乗りうつっています。木馬に乗せれば、たましいがにげて、すぐになおります。」

「さようか。では、乗せてみよう。」

家来が、木馬を運んできました。

王子は、王女を木馬に乗せました。

そのあと、自分も飛びのって、くらの右側のかぎを、急いでひねりました。

ブーン、ブーン！

木馬は風をきって、飛びだしました。

「こらっ、どこへ行く。もどれ、もどれ。」

王様が、さけびました。

「わっはっは、ルム国の王よ。わたしは、ペルシアのカマル王子だ。くやしいだろうが、いいなずけを返してもらうよ。」

王子が、笑(わら)いました。

矢が飛(と)んできました。木馬は矢をはねのけて、空高く飛(と)びあがっていきました。

岡本文良（おかもとぶんりょう） 一九三〇年茨城県に生まれる。主な作品に『アマミノクロウサギ』『二つの国をつなぐ子ら』『大きなかしの木物語』などがある。二〇〇八年没。

出典：『世界こども名作100』所収　学研　1989年

知ってしまったひみつをひとりでかかえているのはつらいこと。さあ、どうしますか？

王子様(さま)の耳はろばの耳

ポルトガルの民話(みんわ)　文・上地(かみち)ちづ子(こ)

絵・スズキコージ

むかし、一人の王様(おうさま)がいましたが、あとつぎの子どもがいなかったので、いつもさみしく思っていました。

ある日、王様(おうさま)は森のおくにすむようせいたちに、たのみにいきました。

「わしは、子どもがほしいのじゃ。願(ねが)いをかなえてくれないか。」

「いいですとも、一年と一日、お待(ま)ちください。」

それから、一年と一日たつと、おきさき様が、赤ちゃんを産みました。赤ちゃんは男の子でした。もちろん、王様は大よろこびです。

間もなく、森のようせいたちが、お祝いに来ました。

「王様、おきさき様、おめでとうございます。お祝いのおくりものに、魔法をかけてあげます。赤ちゃんが大きくなったら、世界一すてきな王子様になれるように。」

最初のようせいが言うと、二番目のようせいも言いました。

「わたしは、王子様が、正直で、かしこくなれるようにしてあげます。」

ところが、三番目のようせいは、こう言いました。

「わたしは王子様の耳を、ろばの耳にします。王子様がうぬぼれないようにね。」

ようせいたちは、魔法をかけると、たちまちすがたを消しました。

三人のようせいが言ったことは、ほんとうになりました。
赤ちゃんは、すくすく育ち、正直で、かしこい男の子になりました。
けれど、王子様の耳は、ほんとうに、ろばの耳をしていました。
王子様が大きくなると、耳も大きくなりました。

いくらかみの毛でかくしても、ろばの耳は、飛びだしてしまいます。

「だれかに見つかったら、たいへんだぞ。」

王様は、心配でたまりません。

王様と、おきさき様は、王子様の耳のことを、だれにも知られないようにしていました。

知られたら、王子様は笑われて、王様のあとつぎに、なれないかもしれないと思ったからです。

王様とおきさき様は、特別のぼうしを作って、王子様にかぶせました。

「これで耳がかくれたぞ。よしよし。」

「王子、ぼうしを取ってはいけませんよ。」

ぼうしのおかげで、王子様の耳がろばの耳だと気づく人は、だれもいませんでした。

王子様は、一人前のわか者になりました。せいはすらりと高く、顔はきりりとしていて、たいへん頭のいい王子様です。

でも、かみの毛がすっかりのびてしまったので、だらしなく見えるようになりました。かみの毛を切るには、ぼうしを取らなくてはなりません。ぼうしを取ったら、ろばの耳が見えてしまいます。

「いったい、どうしたらいいのだ。」

王様は、何日もなやんでいましたが、いいことを思いつきました。

間もなく、王様は、一人の*理容師をよんで、言いました。

「きょうから王子の理容師にならないか。国中でいちばんえらい理容師にしてやるぞ。」

理容師はうれしくなりました。

*理容師…かみを切ったり、顔そりをしたりして、頭や顔の手入れを仕事とする人。

「よろこんで王子様の理容師になります。」

「だが、王子にはひみつがある。だれにも言わなかったら、お金もたくさんはらうぞ。その代わり、ひみつを守らなかったら、おまえの命はないぞ。」

「どんなひみつでも、きっと守ります。」

理容師は約束して、その日から、お城でくらすようになりました。

理容師は、初めて、王子様のかみの毛を切ろうとして、ぼうしを取ったとき、それはびっくりしました。なんと王子様の耳は、ろばの耳だったのです。

　でも、こう思うことにしました。

（なあに、このひみつをだれにも言わなければ、わたしは国中で、いちばんえらい理容師なんだ。お金もたくさんもらえるんだ。）

理容師は、毎日、お城でおいしいごちそうを食べて、いばってくらしていました。

それなのに、理容師は顔色が悪くなり、だんだん元気がなくなりました。王子様のひみつを、だれかに言いたくても、言えません。いつもがまんしていたので、苦しくなって、病気になってしまったのです。病気はひどくなるばかりでした。

そこで、理容師は、森のおくにすむ、仙人のところに行きました。仙人は、ちえがあって、なんでも教えてくれます。

「仙人様、わたしには、だれにも言えないひみつがあります。苦しくてたまりません。どうしたらいいか、どうぞ教えてください。」

すると、仙人は言いました。

「地面にあなをほって、そのあなにはきだすように、ひみつをしゃべるがいい。あなを土でうめてしまえば、ひみつは地面の下で、もう出てこない。だれにも言わなかったことになるではないか。」

「どうもありがとうございました。」

理容師は、さっそく、あなをほりました。そして、そのあなに向かって、大きな声で言いました。

「王子様の耳は、ろばの耳！　王子様の耳は、ろばの耳！」

理容師は、急いであなをうめました。だれにも言えなかったことを、あなにはきだせたので、気持ちがさっぱりしました。体もなんだか軽くなってきて、病気はたちまちなおりました。

それからしばらくすると、理容師が、あなをほって、ひみつをうめたところに、*あしが生えました。あしはぐんぐんのびて、あたりいっぱいにふえました。

ある日、羊飼いたちが、羊を追って、通りかかりました。

羊飼いたちは、あしのくきで笛を作って、ふいてみました。

すると、あし笛の音は、不思議な声に聞こえました。

「王子様の耳は、ろばの耳。王子様の耳は、ろばの耳。」

だれがふいても、笛の声は、同じに聞こえました。

あし笛の声を聞いた人が、うわさを広めました。

「おい、知ってるかい。王子様の耳は、ろばの耳なんだって。」

「わあ、おかしいな。あははははは。」

うわさは、国中に広まり、王様の耳にも入りました。

王様は、羊飼いたちを、お城によびよせました。

「あし笛の声がほんとうかどうか、わしの前でふいてみてくれ。」

羊飼いたちは、ふきました。

＊あし…水辺に群がって生える高さ二、三メートルの草。

「王子様の耳は、ろばの耳。」

王様が笛を借りてふいても、同じに聞こえました。

「これは、いったい、どうしたわけだ。」

やっぱり、理容師が、ひみつをもらしたにちがいありません。

「理容師を、つかまえてまいれ。」

王様は家来に命令しました。

間もなく、理容師がやってくると、王様は、目をつりあげて言いました。

「おまえは約束をやぶって、よくもだれかにしゃべったな。」

「いいえ、わたしがしゃべったのは、土のあなの中です。」

「どこにしゃべろうと、おまえは、ひみつを守らなかったのだ。」

「理容師の首を切れ！」

王様が、家来に命令すると、王子様がきっぱりと言いました。

「父上、いけません、理容師をゆるしてやってください。わたしの耳は、ほんとうにろばの耳なのです。ほら、みんなも見るがいい。」

王子様は、ぼうしを取りました。

「わたしは、ろばの耳だって、これからも、いろいろなことをたくさん覚えます。そうして、やがては父上のあとをついで、りっぱな王様になるつもりです。」

王子様がそう言ったとき、とつぜん、ろばの耳は消えました。

「おう、王子の耳は、もうろばの耳ではないぞ。よかった、よかった。」

「みんなと同じになったのね。ほんとうによかったわ。」

王様とおきさき様は、よろこびました。家来たちも、にこにこうれしそうです。

王子様は、どんなにすてきで、頭が良くても、決してうぬぼれませんでした。だから、あの三番目のようせいが、魔法をといてくれたのです。

それを知って、国中の人もよろこびましたが、いちばんよろこんだのは、理容師にちがいありません。首を切られるところでしたが、助かったのです。

それから、あし笛をふいても、あの不思議な声は、聞こえなくなりました。

子どもたちがふくと、あし笛の音は、楽しい歌に聞こえました。

何年かたって、王子様は、王様になりました。

いつまでも、すてきで、正直で、りっぱな王様でした。

上地ちづ子（かみちちづこ）　一九三五年東京に生まれる。主な作品に、創作紙芝居『しょくどうは8かい』『あしたは未来』『どろぼう三にんぐみ』などがある。二〇〇〇年没。

出典：『世界こども名作100』所収　学研　1989年

だじゃれで遊ぼう

発音の同じものや、にたものをくっつけることば遊びを「だじゃれ」とよびます。「カレーはかれえ」のように、意味が通ることばを当てはめるものと、「そんなバナナ（ばかな）」などと、まったく関係ないことばを組みあわせるものがあります。

こうしたことば遊びは、日本にはむかしからあり、「地口」とよばれていました。地口は、知識と教養の印とされていたのです。

むかしから使われていた地口

- 着たきりすずめ……昔話の題名「した切りすずめ」をもじったもので、いつも同じものを着ている人のこと。
- おどろき桃の木さんしょ（さんしょう）の木……「おどろき」を木の一つと考え、木のつくことばを重ねて、おどろいたことを強調する。
- うまかった！ 牛負けた……食事がおいしかったときのことば。「馬勝った」と考え、対となる牛が負けたとして、おいしかったことを強調する。

絵・クリハラタカシ

いろいろなだじゃれ

きみも思いついたらメモしておこう。学校で使(つか)ってみると楽しいよ。

▼そんなものはホットケーキ。（ほうっとけ）

▼もりもり食べやさい。（なさい）

▼アイス食べタイガー。（たいな）

▼こりゃ、びっクリスマス。（くりします）

▼教科書をきょうかそう。

▼アルバムなら、ここにあるバム。

▼古いくつしたをはっくつした。

▼道徳(どうとく)の問題(もんだい)、どうとく？

▼モノレールにものれーる。

お話を読みおわって

児童文学評論家
藤田のぼる

一さつを読みおえて、どのお話が心に残りましたか？　日本の作品、外国の物語、現代の話、ちょっとむかしの話、大むかしの話などさまざまなものがありましたね。人間が主人公のお話だけでなく、人形や動物が主人公のお話もありました。一つずつ、その作品の特色や作者についてみてみましょう。

『影法師』……少しむかしの話ですが。影の形をへいに写しとるなんて、おもしろそうですね。白いへいに黒い墨をぬるというコントラストも印象的でしたが、最後の「黒の中の黒」というのも目にうかんでくるようでした。

『地もぐり豆』……これも少し前の時代の話なので、貯金箱に入れた十円や五十円は、いまでは百円や五百円の金せん価値があると思います。ラストの、家族で落花生を味わっている場面がとても幸せそうに感じました。

『ぼくは川』……作者は童謡「サッちゃん」のようなやさしい詩や楽しい詩の

多い詩人ですが、この詩ははげしさを感じさせます。わたしたちの心の中にも、どこかに向かおうとする強い流れがかくされているのかもしれません。

『腕時計』……いまならかんたんに買える腕時計ですが、むかしは子どもにとってあこがれのものでした。ボナリン、お母さん、マック・トランドルさんなどに加えてわすれてならない登場人物(?)が、カラスのインキーです。

『ゆうかんなすずの兵隊』……アンデルセンの書いたお話は、「人魚ひめ」「マッチ売りの少女」など、世界中で親しまれています。主人公である人形の兵隊の気持ちになって読んでいくと、より深く作品を味わえます。

『金魚のお使い』……作者は歌人として多くの短歌を残しましたが、童話も書きました。金魚が電車に乗ってお使いに行くなんて、どこからそんな想像をめぐらせたのでしょうか。金魚と駅員さんのやりとりがおもしろかったですね。

『たぬきのダンス』……「恩返し」にダンスを見せてくれるというところが、いかにもたぬきらしくておかしかったですね。このことで桃子と瑞希がもっと仲よくなれたら、それがたぬきのほんとうの「恩返し」になるのかもしれません。

『かっぱの三太』……あなたのおじいさんが子どもだったくらいの時代のお話でしょうか。楽しいお話ですが、三太が川でおぼれそうになりながら「おれより強いものがいたんだ」と思うところは、じーんとくる感じがしました。

『しんちゃんとえみちゃん』……おさないころは助けてもらっていたお兄ちゃんも、えみちゃんが大きくなるとちょっとこまった兄に思えてきます。でも、知らないおばさんに「たいへんね」と言われ、ほんとうの心がことばになりました。

『夏休み』……夏休みというタイトルですが、海水浴でも林間学校の内容でもありません。なんと、畑の夏休み。畑の土は、多くの野菜を育てるという仕事を、一生けんめいしているのだということを考えさせてくれる詩です。

『空飛ぶ木馬』……「アリババと四十人のとうぞく」などと同じく、アラビアン・ナイト（千一夜物語）におさめられた物語。ここでは空を飛ぶ木馬が大活やくします。むかしの人にとって空を飛ぶことは大きなゆめだったのでしょう。

『王子様の耳はろばの耳』……ヨーロッパでは、ろばはりこうでない動物というイメージがあるだけに、ろばの耳というのはひみつにすべき一大事だったのでしょう。それを前提に読むと、お話がもっと切実にひびきます。

『だじゃれ』……最後は、「だじゃれで遊ぼう」でした。「だじゃれ」の「だ」は「つまらない」という意味なのですが、みごとなだじゃれを思いついたときは、つまらないどころか、ちょっと自分が天才に思えます。

選者　木暮正夫（こぐれ　まさお）　日本児童文学者協会元会長
1939年群馬県生まれ。代表作『また七ぎつね自転車にのる』『街かどの夏休み』『二ちょうめのおばけやしき』『かっぱ大さわぎ』など多数。絵本やノンフィクションも手がけた。2007年没。

岡　信子（おか　のぶこ）　日本児童文芸家協会元理事長
1937年岐阜県生まれ。20代より童話創作を始める。代表作『花・ねこ・子犬・しゃぼん玉』（児童文芸家協会賞受賞）『はなのみち』（光村図書・一年国語教科書に掲載）など多数。

表紙絵　スタジオポノック／山下明彦　©STUDIO PONOC

装丁・デザイン　株式会社マーグラ

協力　藤田のぼる　入澤宣幸　勝家順子　グループ・コロンブス（名作のとびら）

よみとく10分
10分で読める名作　4年生

2019年9月17日　第1刷発行

発行人　川田夏子

編集人　小方桂子

企画編集　井上茜　西田恭子　矢部絵莉香

発行所　株式会社 学研プラス
〒141-8415　東京都品川区西五反田2-11-8

印刷所　共同印刷株式会社

【編集部より】
※本書は、『10分で読める名作四年生』（2007年刊）を増補改訂したものです。
※表記については、出典をもとに読者対象学年に応じて一部変更しています。
※作品の一部に現代において不適切と思われる語句や表現などがありますが、執筆当時の時代背景を考慮し、原文尊重の立場から原則として発表当時のままとしました。

【この本に関する各種お問い合わせ先】
• 本の内容については　Tel 03-6431-1615（編集部直通）
• 在庫については　Tel 03-6431-1197（販売部直通）
• 不良品（落丁、乱丁）については　Tel 0570-000577（学研業務センター）
〒354-0045 埼玉県入間郡三芳町上富279-1
• 上記以外のお問い合わせは　Tel 03-6431-1002（学研お客様センター）

ここからは、本の後ろから読んでね。

ろばの耳クイズ

ようせいの魔法のとおり、王子様はりっぱに育ったね。
お話を思いだしながら、クイズにちょうせんしよう。

1. 2番目のようせいが王子様にかけた魔法は？

ア かしこくなれる魔法
イ 美しくなれる魔法
ウ やさしくなれる魔法

2. 理容師が相談をしたのは、だれ？

ア 先生
イ 仙人
ウ 客

3. 不思議な音色の笛をふいたのは、だれ？

ア 牛飼い
イ カウボーイ
ウ 羊飼い

答え　1.ア　2.イ　3.ウ

空飛ぶ木馬 155ページ

千一夜物語を読んでみよう

「空飛ぶ木馬」は、千一夜物語の中のお話の一つだよ。千一夜物語のことを知っているかな。

千一夜物語は、「アラビアンナイト」ともよばれ、かしこいおきさき様が王様に、おとぎ話などを1001夜にわたって語るという形式になっています。おもしろいところでお話をやめてしまうので、王様は続きが気になってしかたがないのです。

アラジンと魔法のランプ

魔法使いにだまされ、ランプを取りにいくことになった少年アラジン。地下にとじこめられてしまいますが、指輪のせいれいに助けられます。手に入れたランプをこすると、なんでも願いをかなえてくれるせいれいがあらわれ……。手にあせにぎる物語です。

アリババと40人のとうぞく

アリババはある日、とうぞくが宝をかくすところを見ました。岩のとびらを開くじゅ文は「ひらけゴマ！」。アリババはしのびこんで宝を手に入れますが、まねをしたアリババの兄は、じゅ文をわすれてしまい……。さあ、どうなってしまうのでしょうか。

しんちゃんとえみちゃん　139ページ

みんなのかがやく宝石をさがそう

きらきらかがやく宝石みたいな、すてきなところがだれにでもあるもの。自分や友だちのすてきなところをさがしてみよう。

あなたの宝石は？

＿＿＿＿＿＿さんの宝石は？

夏休み　152ページ

あなたが夏休みをあげるなら？

「夏休み」では、畑に夏休みをあげたね。あなたなら、いつもがんばっている人やものに、どんな夏休みをあげる？

たとえば…

家族に

ランドセルに

つくえに

与謝野晶子の短歌を味わおう

「金魚のお使い」の作者、与謝野晶子は、数多くの短歌をよんでいるよ。光景が目にうかぶ、2つのすてきな短歌を見てみよう。

金色の　ちひさき鳥の　かたちして
銀杏ちるなり　夕日の岡に

【意味】金色にかがやく小鳥のように、いちょうの葉がひらひらと散っている。夕日が照っている岡では。

なにとなく　君に待たるる　ここちして
出でし花野の　夕月夜かな

【意味】なんとなく、君がわたしを待っているような気がして、花のさく野原に出てみた。夕方の月が美しいころに。

ゆうかんなすずの兵隊 65ページ

アンデルセンの作品を もっと読もう

アンデルセンはたくさんの童話を生みだした。あなたは、こんな作品を読んだことがあるかな。

雪の女王

少年カイと少女ゲルダは大の仲よし。でもカイは、悪魔の鏡のせいで、せいかくを変えられたばかりか、雪の女王に連れさられてしまいます。ゲルダがカイを取りもどしに向かう、ぼうけんの物語です。

白鳥の王子

魔女によって白鳥のすがたにされてしまった11人の王子。妹エリーザは、兄たちを助けるために、一生けんめいにかたびら（服）をあみます。エリーザをおうえんしたくなるお話です。

赤いくつ

少女カレンは、ある日赤いくつをもらい、とてもよろこびます。でも、はでな服そうをしてはいけない日にも、赤いくつをはいていってしまいます。すると、くつが勝手におどりだして……。カレンになにが起きたのでしょう。

地(じ)もぐり豆(まめ)ならべかえクイズ

あなたはお話の中の和夫(かずお)の気持(きも)ちがわかったかな。
下の絵を、お話の順(じゅん)にならべかえよう。

ア ねどこで笑(わら)う

イ 小包(こづつみ)がとどく

ウ 十円玉を入れる

エ 手紙がとどく

オ お金を使(つか)ったことを
おばあさんに話す

カ 落花生(らっかせい)を食べる

答え　ウ→オ→ア→イ→エ→カ

読書ノートを書いてみよう！

同じ作品でも、時間をおいて読みかえすと、ちがうことを感じたりするよ。いまの感想をわすれないように記録しよう。

書き方の例

題名　たぬきのダンス　作者　あさのあつこ

読んだ日　20XX 年●月▲日

感想

　ほんとうはうそつきと思っていなくても、いきおいで言ってしまうことが自分にもあるので、桃子の気持ちがよくわかった。

　でも自分がうそつきと言われたらすごく悲しいし、きずつくと思う。瑞希は桃子にあやまられたときに、すぐにゆるすことはできないかもしれない。

　すぐに仲直りができないとしても、きちんとあやまって自分の本当の気持ちを伝える……桃子と瑞希は仲直り……

おすすめ度　★★★★★

ポイント1
読んだ本のじょうほうを書きましょう。好きなお話があったら、同じ作者のほかのお話もさがしてみましょう。

ポイント2
おもしろかったところや、自分ならどうするかなど、自由に書きましょう。

ポイント3
このお話のおすすめ度を星の数で、表してみましょう。気に入ったお話は、ほかの人にしょうかいしてみましょう。

使うノートはどんなものでもいいよ。自分の好きなノートだと書くときの気分もちがうよ。

名作のとびら
いろいろなお話があったね。
読んだお話をふりかえってみよう!
あなたは
どのお話が
好き?
絵・クリハラタカシ